# my first word book

Librairie du Liban *Publishers*

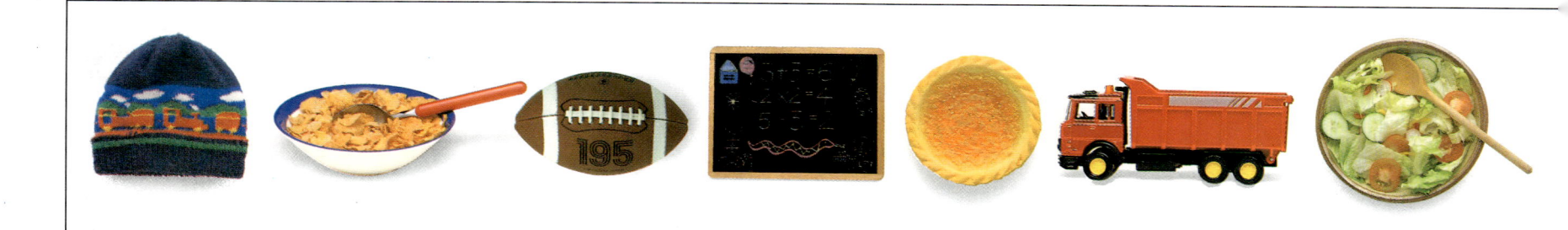

## كتب الفراشة
### سلسلة "موسوعتي الأولى"

١. موسوعتي الأولى : العُلوم
٢. موسوعتي الأولى : الطَّبيعة
٣. موسوعتي الأولى : عالمنا الأخضر
٤. موسوعتي الأولى : الطَّبخ
٥. موسوعتي الأولى : الأشغال اليَدَوية
٦. موسوعتي الأولى : الحفلات والأعياد
٧. موسوعتي الأولى : المغنطيسيّة والكهرباء
٨. موسوعتي الأولى : الكعك والبسكويت
٩. موسوعتي الأولى : الكلمات الأساسيّة
(إنكليزي - عَرَبي)
١٠. موسوعتي الأولى : الكلمات الأساسيّة
(فَرَنسي - عَرَبي)
١١. موسوعتي الأولى : الوَقت
١٢. موسوعتي الأولى : الحَدائِق

## دُورلِنْغ كِندَرسْلي
## مَكتَبة لبْنان ناشِرُون ش.م.ل

نَشر مَكتَبة لبْنان ناشِرُون
بالتَّعاون مَع شَركَة دُورلِنْغ كِندَرسْلي

حُقوق الطَّبْع © دُورلِنْغ كِندَرسْلي ليمتد، لندن
حُقوق النَّصّ العَرَبي © مَكتَبة لبْنان ناشِرُون ش.م.ل

مَكتَبة لبْنان ناشِرُون
زقاق البَلاط ص.ب : ١١-٩٢٣٢
بَيروت - لبْنان
وُكَلاء ومُوَزِّعون في جَميع أنْحاء العَالم

الطَّبعة الأولى : ١٩٩٤
ISBN 9953-86-112-9
طُبِع في لبْنان

# Contents
## اَلْمُحْتَوَيات

| | | | |
|---|---|---|---|
| All about me | 4 | ما يَتَعَلَّقُ بي | |
| My clothes | 6 | ثِيابي | |
| At home | 8 | في البَيْت | |
| Around the house | 10 | أدوات مَنْزِلِيَّة | |
| In the kitchen | 12 | في اَلْمَطْبَخ | |
| Things to eat and drink | 14 | مَأكولات ومَشْروبات | |
| In the bathroom | 16 | في الْحَمّام | |
| In the garden | 18 | في الْحَديقَة | |
| In the toolshed | 20 | في غُرْفَة العُدَّة | |
| Going out | 22 | خارِج البَيْت | |
| At the park | 24 | في الْحَديقَة العامَّة | |
| At the supermarket | 26 | في اَلْمَتْجَر اَلْمَرْكَزِيّ (اَلسّوبرماركت) | |
| Cars | 28 | السَّيّارات | |
| Things that move | 30 | وَسائِل النَّقْل | |
| In the country | 32 | في الرِّيف | |
| In the woods | 34 | في الغابَة | |
| On the farm | 36 | في اَلْمَزْرَعَة | |
| Pets | 38 | الْحَيَوانات الأليفة اَلْمُدَلَّلَة | |
| At the zoo | 40 | في حَديقَة الحَيَوان | |
| Toys | 42 | اَللُّعَب | |
| Going to school | 44 | إلى اَلْمَدْرَسَة | |
| At the seaside | 46 | عَلى شاطِئ البَحْر | |
| Time, weather, and seasons | 48 | الوَقْت والطَّقْس والفُصول الأَرْبَعَة | |
| Sports | 50 | الرِّياضَة | |
| Action words | 52 | الألْفاظ الدَّالَّة عَلى عَمَل | |
| Playtime words | 54 | الألْفاظ الدَّالَّة على وَقْت اللَّعِب | |
| Storybook words | 55 | أَلْفاظٌ مِن القِصَص | |
| Colours, shapes, and numbers | 56 | الألْوان والأشْكال والأَرْقام | |
| Position words | 58 | كَلِمَات تَعْيِين الأماكِن | |
| Opposites | 60 | الأضْداد | |
| English Index | 62 | المسرد الإنكليزيّ | |
| Arabic Index | 67 | المسرد العربيّ | |

# All about me ! ما يَتَعَلَّقُ بي

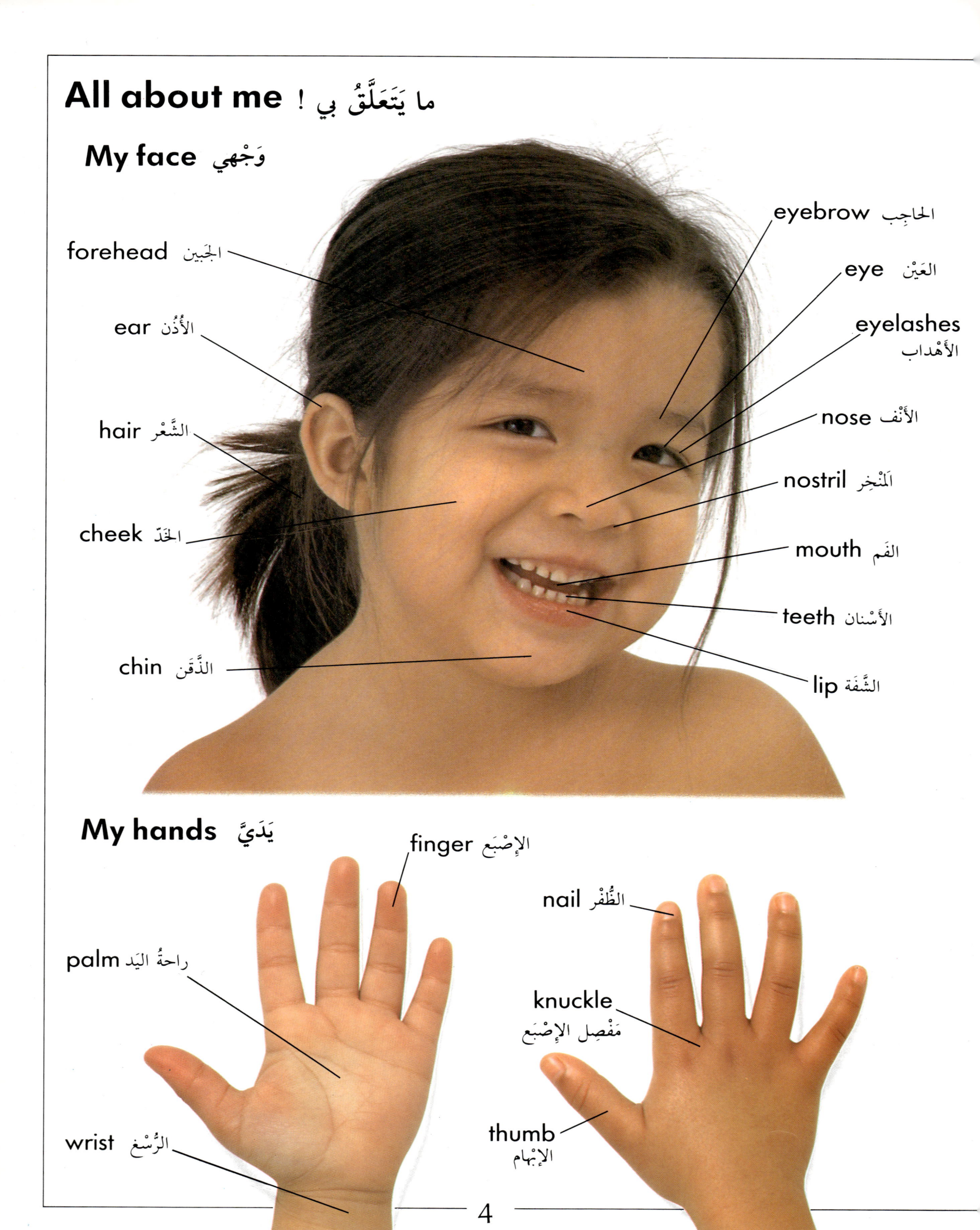

## My face وَجْهي

- forehead الجَبين
- ear الأُذُن
- hair الشَّعْر
- cheek الخَدّ
- chin الذَّقَن
- eyebrow الحاجِب
- eye العَيْن
- eyelashes الأهْداب
- nose الأنْف
- nostril المَنْخِر
- mouth الفَم
- teeth الأسْنان
- lip الشَّفَة

## My hands يَدَيَّ

- finger الإصْبَع
- nail الظُّفْر
- palm راحةُ اليَد
- knuckle مَفْصِل الإصْبَع
- wrist الرُّسْغ
- thumb الإبْهام

# My body جَسَدي

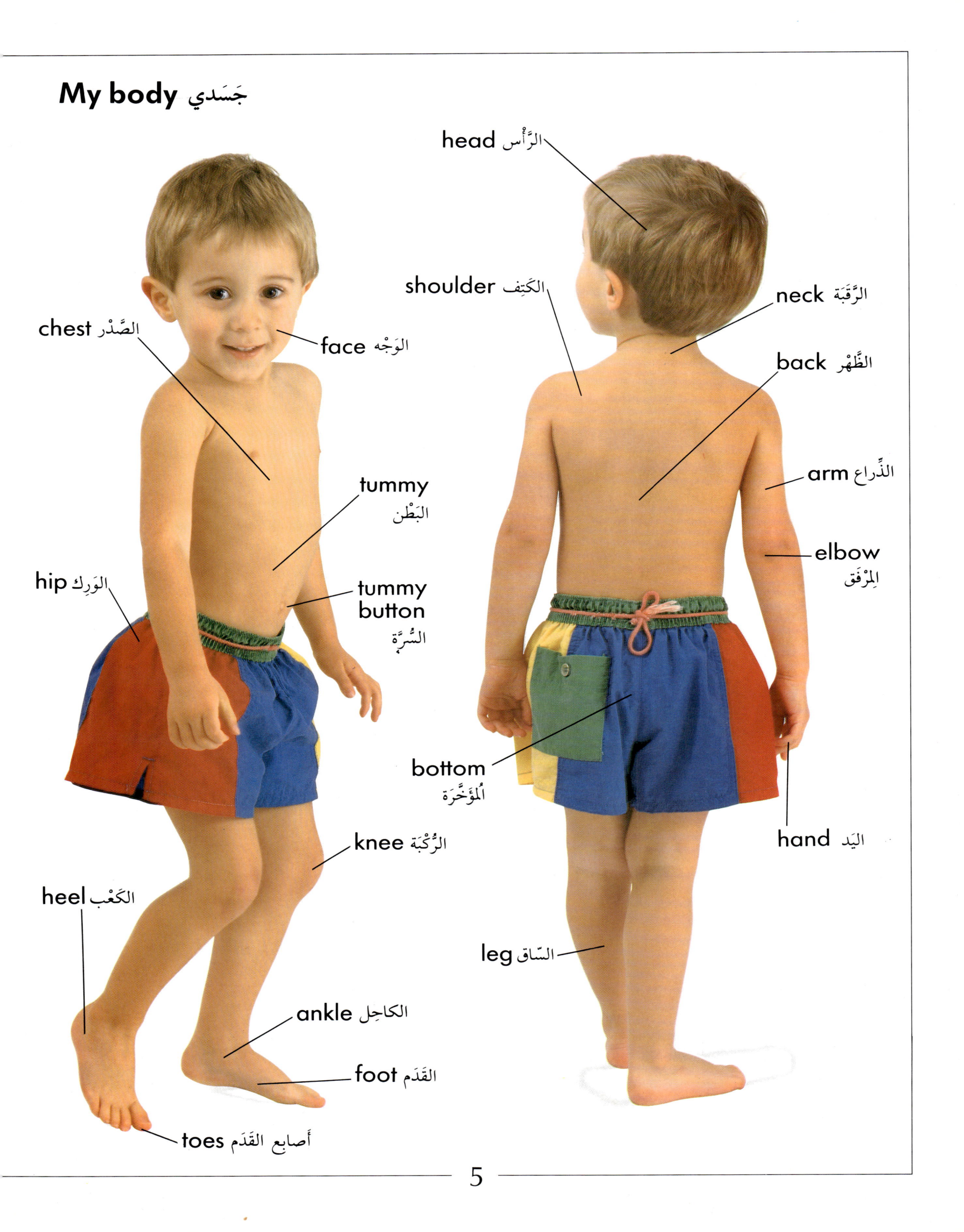

- head الرَّأْس
- neck الرَّقَبَة
- shoulder الكَتِف
- back الظَّهْر
- arm الذِّراع
- elbow المِرْفَق
- hand اليَد
- leg السّاق

- chest الصَّدْر
- face الوَجْه
- tummy البَطْن
- tummy button السُّرَّة
- hip الوَرِك
- bottom المُؤَخَّرَة
- knee الرُّكْبَة
- heel الكَعْب
- ankle الكاحِل
- foot القَدَم
- toes أصابع القَدَم

# My clothes ثِيابي

buttons أَزْرار

buckle إِبْزيم

belt حِزام

cardigan سُتْرَة صِوفِيَّة

anorak (أنوراك) سُتْرَة واقِيَة

trousers بَنْطَلون

braces حَمّالَة

jeans بَنْطَلون جينز

pants سِرْوال تَحْتِيّ

pyjamas بيجامَة

dungarees رِداء سِرْوالِيّ

straw hat قُبَّعَة قَشّ

woolly hat قُبَّعَة صوفِيَّة

T-shirt قَميص خَفيف

beads خَرَز

shorts بَنْطَلون قَصير

watch ساعَة يَد

socks جَوْرَبانِ

slippers خُفّان

shoes أَحْذِيَة

trainers زَوْج أَحْذِيَة رِياضِيَّة

sandals زَوْج صَنادِل

knickers سِرْوال تَحْتِيّ نِسائِيّ

vest صُدْرَة

| | |
|---|---|
| coat | مِعْطَف |
| sweatshirt | كَنْزَة رِياضِيَّة واسِعَة |
| tracksuit | بَدْلَة التَّدْريب |
| hanger | عَلّاقة |
| skirt | تَنّورَة |
| petticoat | تَنّورَة تَحْتِيَّة |
| scarf | شَال |
| shirt | قَميص |
| dress | فُسْتان |
| dressing gown | البِذْلة |
| nightdress | قَميص النَّوْم |
| raincoat | مِعْطَف لِلمَطَر |
| cap | قُبَّعَة |
| mittens | قُفّازان (بدون أصابع) |
| snowsuit | ثَوْب الثَّلْج |
| wellington boots | جَزْمَة |
| gloves | قُفّازان |
| umbrella | مِظَلَّة |
| jumper | كَنْزَة |
| tights | ثَوْب لَصوق |

7

# At home في البَيْت

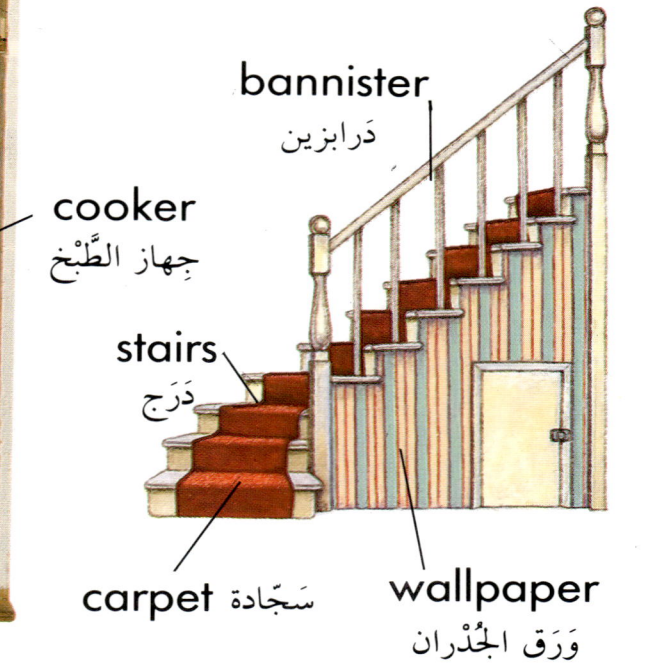

- attic عِلِّيَّة
- cellar قَبْو
- shutters مِصْراع
- gutter مِزْراب
- drainpipe أُنْبوب التَّصْريف
- ceiling سَقْف
- bed سَرير
- balcony شُرْفَة
- bedroom غُرْفَة النَّوْم
- fireplace مَوْقِد
- sitting room غُرْفَة الجُلوس
- sofa أَريكَة
- bannister دَرابزين
- cooker جِهاز الطَّبْخ
- stairs دَرَج
- carpet سَجّادة
- wallpaper وَرَق الجُدْران
- bath مَغْطَس
- bathroom حَمّام
- kitchen مَطْبَخ
- floor أرضيّة

8

garage مَرْأَب

hedge سِياج

drive طَريق المَرْأب

porch مَدْخَل

steps دَرَج

chimney مِدْخَنَة

roof سَطْح

window شُبّاك

window box أصيص النّافذة

wall حائِط

front door باب رَئيسيّ

windowsill عَتَبَة النّافذة

## A family العائِلة

| grandfather | grandmother | father | mother | daughter | son |
| --- | --- | --- | --- | --- | --- |
| الجَدّ | الجَدَّة | الأب | الأمّ | الابْنة | الابْن |

9

# Around the house أدوات مَنْزِلِيَّة

telephone هاتِف

hairdryer مُجفِّف الشَّعْر

sofa أريكَة

curtains سِتارة

radiator جِهاز أنابيب التَّدْفِئَة

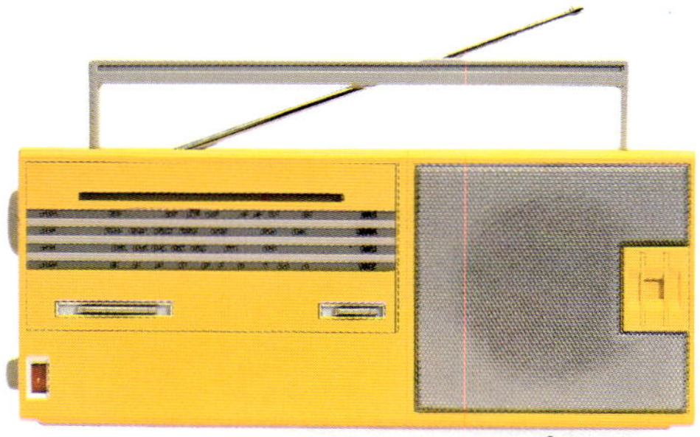

radio مِذْياع (راديو)

book كِتاب

record player مُدَوِّرَة الأُسْطوانات

stool كُرْسِي بلا ظَهْر

picture صُورَة

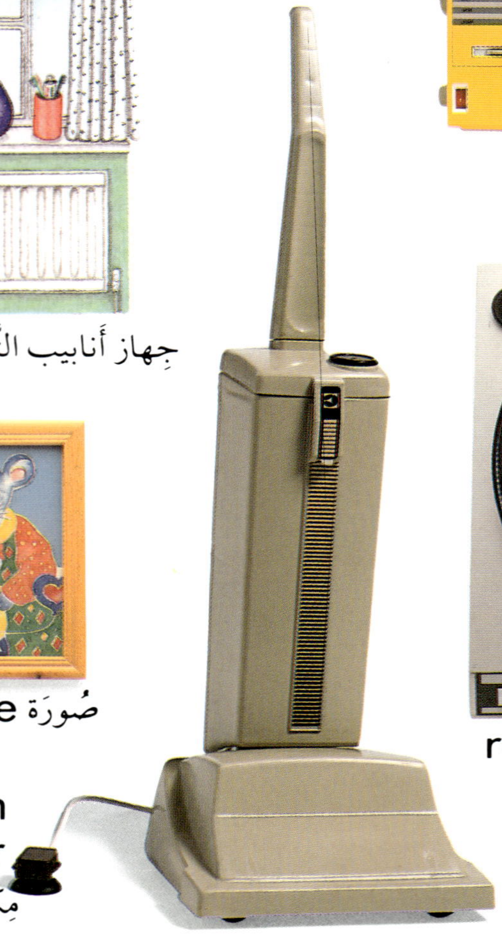

vacuum cleaner مِكْنَسَة كَهْرَبائيَّة

doormat مِمْسَحة الأَرْجُل

sewing machine ماكِنَة الخِياطَة

bookcase خِزانَة كُتُب

armchair مَقْعَد مُنَجَّد

| | |
|---|---|
| television | تِلِفِزيون |
| lamp | مِصْباح |
| chest of drawers | خِزانَة ذات أدْراج |
| duvet | لِحاف |
| bed | سَرير |
| keys | مَفاتيح |
| clock | ساعَة كَبيرة |
| blanket | بَطّانِيَّة |
| bandage | ضِمادَة |
| computer | كومْبيوتر |
| table | طاوِلَة |
| chair | كُرْسِيّ |
| pillow | مِخَدَّة |
| plasters | ضِمادات لاصِقَة |
| medicine | دَواء |
| thermometer | ميزان الحَرارَة |
| cushion | وِسادَة |
| wardrobe | خِزانَة الثِّياب |
| light bulb | لَمْبَة |
| tablets | أقْراص دَواء |

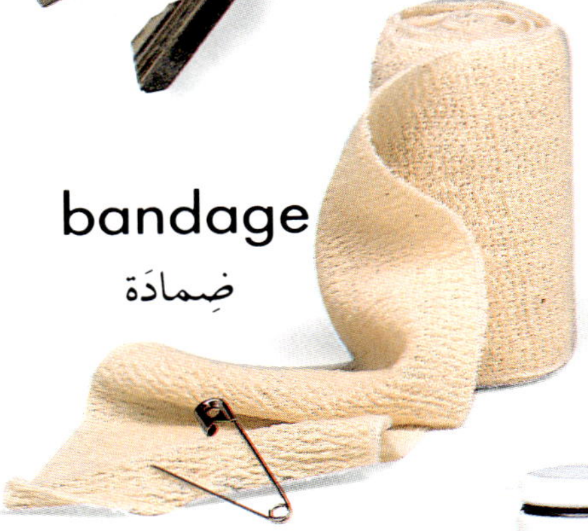

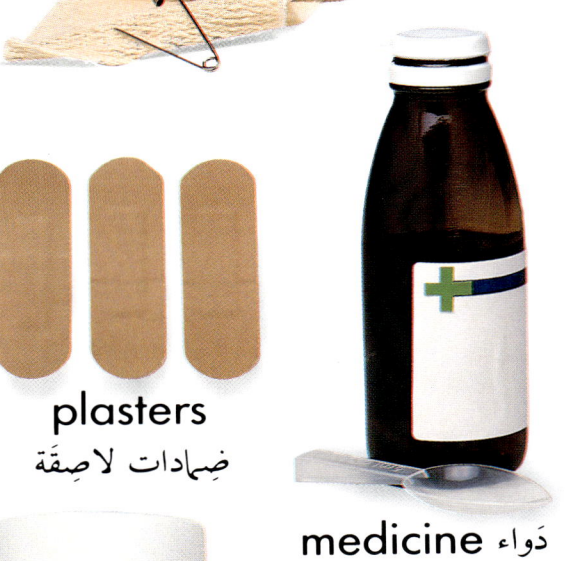

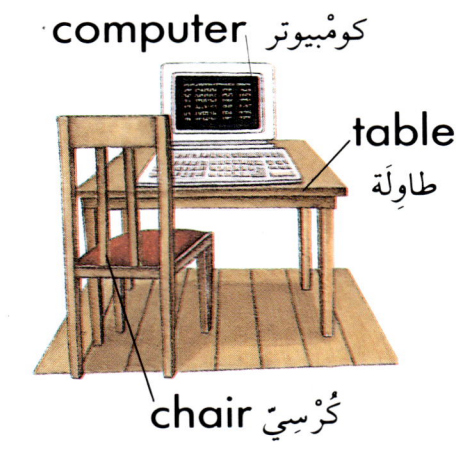

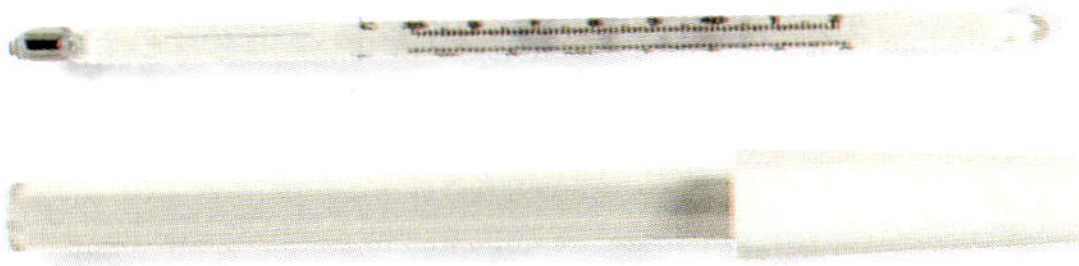

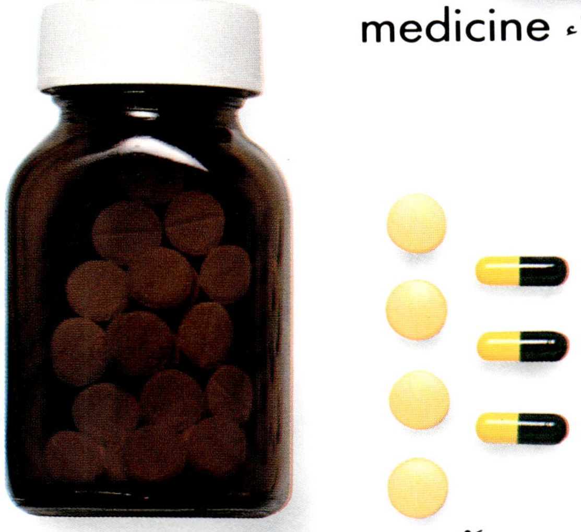

11

# In the kitchen في المَطْبَخ

rolling pin شَوْبَك

frying pan مِقْلاة

rubber gloves قُفازان مَطاطِيّان

egg cup كَأْس البَيْضَة

brush فُرْشاة الغُبار

dustpan مِجْرَفَة

weighing scales مِيزان

food mixer خَلّاطَة

jug إِبْريق

fridge ثَلّاجَة

oven فُرْن

cooker جِهاز الطَّبْخ

plate طَبَق

place mat حَصيرَة الطَّبَق

napkin فوطَة مائِدَة

oven glove قُفاز الفُرْن

apron مِئْزَر

broom مِكْنَسَة

sieve مِصْفاة مُنْخُل

knife سِكّين

fork شَوْكَة

spoon مِلْعَقَة

12

kettle غَلّايَة

washing machine غَسّالَة

mop مِمْسَحَة

bowl سُلْطانِيَّة

cup فِنْجان

glass كَأْس

colander مِصْفاة

saucer صَحْن الفِنْجان

mug كُوب ذو مِقْبَض

cake tin صِينِيَّة الحَلْوى

matches عيدان الثِّقاب

teapot إبْريق الشّاي

saucepan قِدْر ذات يَد

sink مَغْسَلَة

draining board مِشَكّ الصُّحون

bin صُنْدوق القُمامَة

cupboard خِزانَة المَطْبَخ

biscuit cutters قَوالِب البسكويت

ironing board لَوْح الكَيّ

mixing bowl وِعاء الخَلْط

high chair كُرسِيّ الطِّفْل

iron مِكْواة

13

# Things to eat and drink مَأكُولات ومَشْروبات

فَطائِر بِالفاكِهَة tarts

apples تُفّاح

sausages نَقانِق

honey عَسَل

sugar سُكَّر

pears إجّاص (كُمَّثْرَى)

salad سَلَطَة

nuts لَوْز

peas بِسِلَّة

sweetcorn ذُرَة صَفْراء

tomatoes طَماطِم (بَنْدورى)

biscuits بسكويت

pizza بِيْتزا

hamburger هَمْبُرْغر

chips بَطاطِس مَقْلِيَّة

milk حَليب (لَبَن)

juice عَصير

butter زُبْدَة

sandwich سَنْدويش

| | |
|---|---|
| fruit salad | سَلَطَة فاكِهَة |
| carrot | جَزَر |
| strawberries | فَراولة (فريز) |
| banana | مَوْز |
| bread | خُبْز |
| yoghurt | لَبَن رائِب |
| ice-cream | جيلاتي |
| fruit bun | كَعْكَة بِالفاكِهَة |
| toast | خُبْز مُحَمَّص |
| popcorn | فُشار |
| crisps | رُقاقات بَطاطِس |
| spaghetti | مَعْكَرونَة |
| rice | أُرُزّ |
| beans | فاصوليا |
| raisins | زَبيب |
| beef | لَحْم بَقَريّ |
| boiled eggs | بَيْض مَسْلوق |
| cake | كَعْكَة |

# In the bathroom في الحمّام

toothpaste مَعْجون الأَسْنان

toothbrush فرْشـاة الأَسْنان

cotton wool balls
قُـطْن

make-up bag
حَقيبَة مَوادّ التَّجْميل

sponges إسْفَنْج

hairband عُصْبَـة الشَّعْر

towel مِنْشَفَة

tap
حَنَفِيَّة

washbasin
حَـوْض الغَسْل

ribbons أَشْرِطَة الشَّعْـر

comb مِشْط

hairbrush
فرْشاة الشَّعْر

shampoo
شامبو

deodorant
مُـزيل الـرّائِحة

perfume عِطْر

hair slide مِشْبَك الشَّعْر

water ماء

bath مَغْطَس

bath mat حَصيرَة المَغْطَس

talcum powder
بودرَة الطَّلْق

potty نونِيَّة لِلأَطْفال

make-up مَوادّ التَّجْميل

tissues مَـناديل وَرَقِيَّـة

razor
ماكِنَة حِلاقة

shaving brush
فُرْشاة حِلاقة

soap صابونة

toy duck البَطَّة اللُّعْبَة

toilet
مِرْحاض

shower دُوش

plug سِدادَة

nailbrush فُرْشاة أظافِر

toy frog الضِّفْدَع اللُّعْبَة

mirror مِرْآة

shaving foam
رَغْوَة الحِلاقَة

face flannel
مِنْشَفة الوَجْه

lipstick
أحْمَر الشِّفاه

bubble bath
صابون سائِل

bubbles فُقّاعات

cotton buds
عِيدان القُطْن

pot of cream
حُنْجور مِن الكريم

# In the garden في الحَديقَة

zَهْرَة flower

توُيْجِيَّة petal

ساق الزَّهْرَة stem

trowel مِقْحَفَة التُّراب

fork شَوْكَة البُسْتانيّ

canes قَصَب

secateurs مِقَصّ التَّقْليم

مَرْجَة lawn

جَزّازَة العُشْب lawn mower

flowerpots أَوْعِيَة الزَّرْع

rose وَرْدَة

soil تُراب

string خَيْط

wasp دَبّور

pansies زَهْرَة الثّالوث

ladybird دُعْسوقَة

bulbs بَصَل النَّبات

دَوّار الشَّمْس sunflower

18

seedlings شَتَلات

seed tray وِعاء التَّشْتيل

daffodils نَرْجِس بَرِّيّ

butterfly فَراشَة

bee نَحْلَة

watering can مِرَشَّة

pot plant
نَبْتة مَزْروعة

seeds بُزور

spade رَفْش

rake
مِشْط البُسْتانِيّ

tulips
خُزامَى (توليب)

weeds
أعْشاب مُضِرَّة

ants نَمْل

grass
عُشْب

wheelbarrow عَرَبَة يَـد

worms دُود الزَّرْع

greenhouse
دَفيئَـة

nasturtiums
كَبُّوسِـين

snail حَلَزونَة

hosepipe خُرْطوم الماء

# In the toolshed في غُرْفَة العُدَّة

toolbox صُنْدوق العُـدَّة

hacksaw مِنْشار المعادِن

wood
خَشَب

workbench طاوِلَة العَمَل

hammer
مِطْرَقَـة

file مِبْرَد

drill مِثْقاب

shelf رَفّ

nails مَسامـير

pliers
زَرَديّة

wrench مِفْتاح إنكليزيّ

spirit level ميزان البَنّائين

plane مِسْحاج

penknife سِكّيْن الجَيْب

tape measure شَريط القِياس

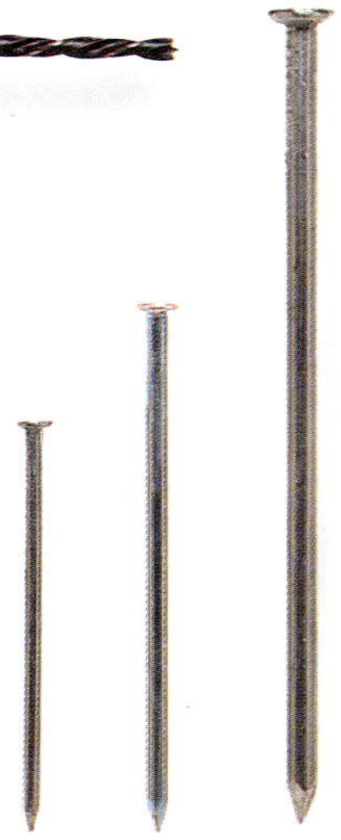

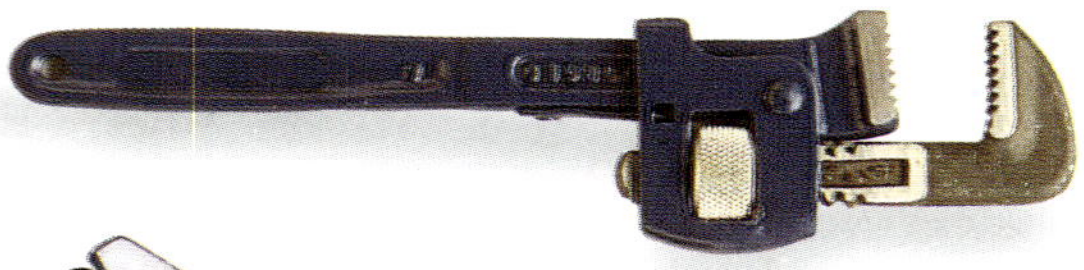

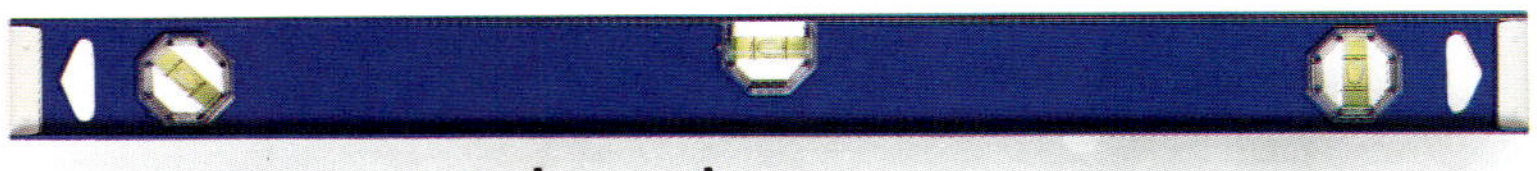

chisel إزميل

screwdriver
مِفَكّ البَراغِيّ

tacks مَسامير عَريضَة الرَّأس

screws بَراغِيّ

sandpaper
وَرَق الزُّجاج

ladder
سُلَّم

stepladder
سِيْبَة

spanner مِفْتاح رَبْط

wires سِلْك مَعْدِنِيّ

nut
صَمولَة (عَزَقَة)

bolt بُرغِيّ غَليظ

sawdust نُشارَة

rope حَبْل

oilcan مِزْيَتَة

plank of wood لَوْح خَشَب

saw مِنْشار

# Going out خارِج البَيْت

petrol pump
مِضَخَّة بَنْزين

garage مَرْأَب

swimming pool
حَوْض السِّباحَة

town hall دار البَلَدِيَّة

theatre مَسْرَح

cinema
صالَة السِّينَما

telephone box
غُرْفة الهاتِف

café مَقْهى

block of flats بِناء سَكَنِيّ

barrow عَرَبَة يَد

market stall كُشْك البَيْع

market سُوق

| | |
|---|---|
| crane arm | ذِراع الرّافِعَة |
| scaffolding | سِقالات |
| building site | وَرْشَة بِناء |
| bricks | أحْجار طُوب |
| crane | رافِعَة |
| factory chimney | مِدْخَنَة المَصْنَع |
| skyscraper | ناطِحَة سَحاب |
| cones | عَلامات تَحْذير |
| factory | مَصْنَع |
| road | طَريق |
| sports stadium | مَلْعَب مُدَرَّج |
| offices | مَكاتِب |
| roundabout | مُسْتَديرَة |
| street lamp | مِصْباح الشّارِع |
| traffic lights | إشارات ضوئيَّة |
| parking meter | عَدّاد المَوْقِف |

# At the park في الحَديقة العامَّة

picnic basket
سَلَّة النُّزْهَة

statue تِمْثال

bench مَقْعَد خَشَبِيّ

fountain
نافُورة

picnic طَعام النُّزْهَة

flowers أزْهار

buggy عَرَبَة الطِّفْل

children أوْلاد

tricycle دَرّاجَة بِثَلاث عَجَلات

kite طَيّارَة وَرَقِيَّة

sandpit حُفْرَة الرَّمْل

roller skates
دُحْروجَتان

roundabout دُوّارَة

skipping rope حَبْل النَّطّ

skateboard لَوْح التَّدَحْرُج

swan وَزَّة عِراقِيَّة

cygnet فَرْخ الوَزّ

swing أُرْجُوحَة

climbing frame هَيْكَل التَّسَلُّق

seesaw نَوّاسة

slide زُحْلوقَة

pigeons حَمامَتان

ice-cream van عَرَبَة جيلاتي

flask قارُورَة

pram عَرَبَة الطِّفْل

lunch box عُلْبَة الطَّعام

# At the supermarket في المَتْجَر المَرْكَزِيّ (السّوبَرماركت)

shopping basket سَلَّة التَّسَوُّق

cereal
طَعام مِن الحُبوب

vegetable oil
زَيْت نَباتِيّ

sweets حَلْوى

washing-up liquid سائِل
غَسْل الصُّحون

jam مُرَبّى

flour طَحين

coffee بُنّ

meat لَحْم

fish سَمَك

toilet rolls وَرَق الحَمّام

## Fruit فاكِهَة

grapes عِنَب

peaches خَوْخ (دُرّاقِن)

cherries كَرَز

pineapple أناناس

lemon
لَيْمون حامِض

orange
بُرْتُقال

raspberries
تُوت العُلَّيْق

blackcurrants
كِشْمِش أَسْوَد

chocolate شوكولا

tins مُعَلَّبات

washing powder مَسْحوق الغَسيل

bottles زُجاجات

trolley عَرَبة

cash register مُسَجِّلة النَّقْد

shop assistant مُوظَّفة المَتْجَر

cheese جُبْن

cheque book دَفْتَر شِيكات

purse مَحْفَظة

box عُلْبة

checkout دَفْع الحِساب

money نُقود

bag كِيس

## Vegetables خُضَر

green beans فاصوليا خَضْراء

pepper فُلْفُل

onion بَصَل

courgettes كُوسى

celery كَرَفْس

cabbage مَلْفوف

potatoes بَطاطس

cucumber خِيار

lettuce خَسّ

27

# Cars السَّيارات

سيَّارة صالون saloon car

bonnet غِطاء المُحَرِّك

bumper — مُخَفِّف الصَّدَمات
wing — رَفْرَف الدُّولاب
lock — قُفْل
door — باب
petrol cap — غِطاء البنزين

speedometer — عَدّاد السُّرْعة
dashboard — لَوْحة أجْهِزة القِياس
indicator — مُؤشِّر
steering wheel — عَجَلة القِيادة
ignition key — مِفْتاح الإشْعال
engine — مُحَرِّك

limousine — لِيموزين (سَيَّارة فَخْمة)

tyre — إطار
wheel — عَجَلة (دولاب)

sports car — سَيَّارة «سبور»

28

roof سَطْح

windscreen حاجِب الرِّيح (الزُّجاج الأمامِيّ)

windscreen wipers مَسّاحَة الزُّجاج

headlights المِصْباح الأمامِيّ

boot صُنْدوق السَّيّارة

rear lights المِصْباح الخَلْفِيّ

number plate لَوْحَة رَقْم السَّيّارَة

gear lever ذِراع تَغْيير السُّرْعَة

handbrake الفَرْمَلَة اليَدَوِيّة

vintage car سَيّارَة قَديمَة

hatchback سَيّارة ذات باب خَلْفِيّ

safety belt حِزام الأمان

car wash مَغْسَل سَيّارات

estate car سَيّارة ستايشن

convertible سَيّارَة مَكْشوفَة

jeep سَيّارَة جيب

# Things that move وَسائِل النَّقْل

bicycle دَرّاجة

digger حَفّارة

scooter دَرّاجة بُخارِيَّة

car سَيّارة

car ferry عَبّارة السَّيّارات

lorry شاحِنة

taxi سَيّارة أُجْرَة

boat سَفينة

airship مُنْطاد ذو مُحَرِّك

bulldozer جَرّافة

parachutes مِظَلّات هُبوط

motorbike دَرّاجة نارِيَّة

submarine غَوّاصة

carriage حافِلة

railway line خَط السِّكَّة الحَديديَّة

ambulance سَيّارَة إسْعاف

hot-air balloon مُنْطاد هَوائِيّ

hang glider طائِرَة شِراعِيَّة مُعَلَّقَة

aeroplane طائِرَة

police car سَيّارَة الشُّرْطَة

van عَرَبَة نَقْل مُقْفَلَة

airport مَطار

glider طائِرَة شِراعِيَّة

rocket صاروخ

fire engine سَيّارَة الإطْفاء

dumper truck شاحِنَة النُّفايات

racing car سَيّارَة سِباق

helicopter طَوّافَة

bus أوتوبيس

engine قاطِرَة

train قِطار

# In the country في الرِّيف

orchard بُستان

village قَرْيَة

rabbit أَرْنَب

dragonfly يَعْسوب

waterlilies زَنْبَق الماء

stream جَدْوَل

mountain جَبَل

valley وادٍ

lake بُحَيْرَة

island جَزيرَة

hills تِلال

bridge جِسْر

river نَهْر

ferns سَرْخَس

toad ضِفْدَع الجَبَل

32

mushrooms فُطْر

road طَريق

blackberries عُلَّيق

fox ثَعْلَب

caravan بَيْت سَيّار

tent خَيْمَة

campsite مَوْقِع الْمُخَيَّم

## Wild flowers أَزْهار بَرِّيَّة

waterfall شَلّال

dandelion هِنْدِباء بَرِّيَّة

buttercups
حَوْذان

daisies أُقْحُوان

# In the woods في الغابَة

tree شَجَرَة

acorns جَوْز البَلُّوط

plums بُرْقوق (خَوْخ)

pine cones كُوزا صَنَوْبَر

blossom زَهْر الشَّجَر

berries ثَمَر العُلَّيْق

fir needles أوْراق الشُّوْح

twig غُصَيْن

squirrel سِنْجاب

bird's eggs بَيْض العُصْفور

bird عُصْفور

chick فَرْخ

bird's nest عُشّ العُصْفور

branch غُصن

owl بُومَة

bark لِحاء الشَّجَر

moth فَراشَة

woodpecker نقّار الخَشَب

moss طُحْلُب

wood غابَة

leaves وَرَق الشَّجَر

beetle خُنْفُساء

stick عُود

chestnuts كَسْتَناء (أبو فَرْوَة)

caterpillars يَساريع

buds بَراعِم

trunk جِذْع

ivy لَبْلاب

nuts بُنْدُق

toadstools فُطور سامَّة

roots جُذور

# On the farm في المَزْرَعَة

farmyard فِناء (المَزْرَعَة)

horse حِصان

farmhouse بَيْت المَزْرَعَة

goose وَزَّة

field حَقْل

fence سِياج

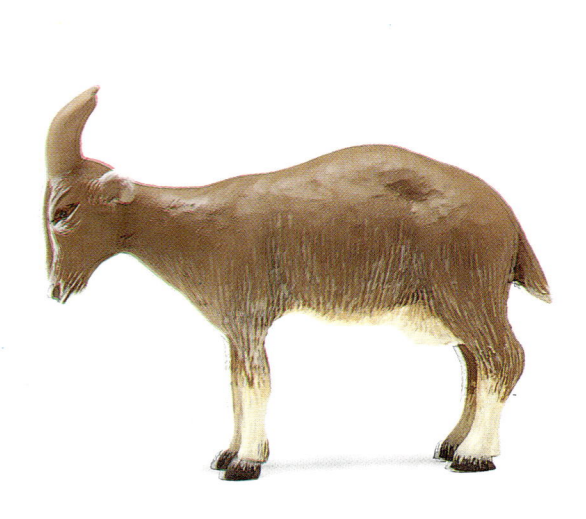

lamb
حَمَل

sheep
خَروف

goat عَنْزَة

cornfield
حَقْل الذُّرَة

gate بَوّابَة

hay bale
رِزْمَة تِبْن

tractor جَرّار

trailer عَرَبة مَقْطورة

bull ثَور     calf عِجْل     cow بَقَرَة

hen دَجاجَة

chick صُوص (كَتْكوت)

stable إسْطَبْل

hen coop خُمّ الدَّجاج

pond بِرْكَة

cockerel دِيك

sheepdog كَلْب الرّاعي

ducklings فِراخ البَطّ    duck بَطّة

barn مَخْزَن الحُبوب

plough جَرّار الحَرْث

combine harvester حَصّادَة دَرّاسَة

37

# Pets الحَيوانات الأليفة المُدَلَّلَة

نُرْس السُلَحْفاة shell

هَمْسْتَر hamsters

سُلَحْفاة tortoise

الشّارِبان whiskers

بَبَّغاوان parrots

مِنْقار beak

فِراخ الضِّفْدَع tadpoles

ذَنَب tail

هِرّ cat

الرِّيش feathers

حَشيشَة الماء water weed

سَمَك ذَهَبيّ goldfish

حَوْض السَمَك fish tank

جَرْوان puppies

collar طَوْق

lead
مِقْوَد الحَيوان

bone عَظْمَة

fur
فَرْو

paw
الكَفّ

dog كَلْب

mouse فَأْر

perch
مَجْثَم الطائِر (مَقْعَد)

canary
الكَناريّ

cage القَفَص

kittens هِرَرَة صَغيرَة

basket سَلَّة

mane
العُرْف

hoof حافِر

pony مُهْر

wing
جَناح

claws مَخالِب

budgerigar بَبَّغاء أُسْترالِيَّة

# At the zoo في حَديقَة الحَيَوان

crocodile تِمْساح
scales حَراشِف
pelican بَجَعَة
peacock طاوُوس
kangaroo كَنْغَر
leopard نَمِر
horns قَرْنان
fin زِعْنِفَة
dolphin دُلْفين
gazelle غَزال
hippopotamus فَرَس النَّهْر
shark قِرْش
tiger بَبْر
chimpanzee شِمْبانْزي
ostrich نَعامَة
giraffe زَرافَة
bear دُبّ

40

rhinoceros كَرْكَدَّن (وَحيد القَرْن)

lizard عَظاءَة

penguin البَطريق

camel جَمَل

panda باندا

polar bear الدُّبّ القُطْبِيّ

bison الثَّوْر الأَمـيركيّ

koala كُوالا

tusk النّاب

trunk الخُرْطوم

elephant فِيل

lion أَسَد

snake ثُعْبان

anteater آكِل النَّمْل

zebra حِمار الزَّرَد

41

# Toys اللُّعَب

teddy bear دُمْيَة دُبّ

jack-in-the-box عِفْريت العُلْبَة

whistle صَفَّارَة

marbles كُلَل

doll's pram عَرَبَة الدُّمْيَة

toy car السَّيَارَة اللُّعْبَة

rattle خُشْخَيْشَة

camera آلَة تَصْوير (كاميرا)

board game رُقْعَة اللَّعِب

guitar قِيثارَة

dice النَّرْد

spinning top بُلْبُل

soldiers جُنْدِيَّان

doll الدُّمْيَة

balloon بالون

train set قِطار

42

doll's house
بَيْت اللُّعْبَة

mask قِناع

cards
وَرَقُ اللَّعِب

puppets دُمًى مُتحرِّكة

knitting needles
صِنارَتا حِياكَة

knitting حِياكَة

needle إِبْرَة

sewing خِياطَة

puzzle الصُّوَر المُنْفَصِلَة

robot إِنْسان آلِيّ

counting frame
مِعْداد

thread خُيوط

hobby horse فَرَس عَصوِيّة

building bricks قِطَع التَّرْكيب

beakers
لُعْبَة الأكْواب

# Going to school  إلى المَدْرَسَة

playground  مَلْعَب

battery  بَطّارِيَّة

magnet  مِغْناطيس

modelling clay  طِين التَّشْكِيل

model dinosaur  نَموذَج دينوصور

map  خَريطة

recorder  ناي

bow  قَوْس الكَمان

violin  كَمان

piano  بيانو

drum  طَبْل

music book  كِتاب المُوسيقى

triangle  مُثَلَّث

cymbals  صَنْج

scissors  مِقَصّ

paints  أصْباغ

paintbrush  فَرْشاة التَّصْوير

44

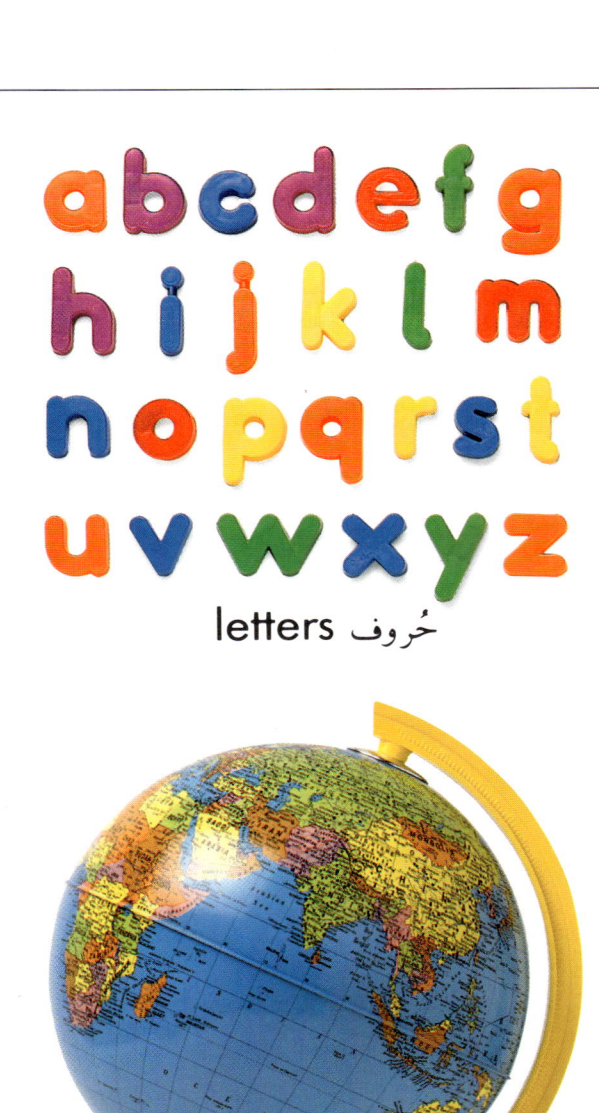

letters حُروف
teacher مُعَلِّمَة
writing كِتابَة
books كُتُب 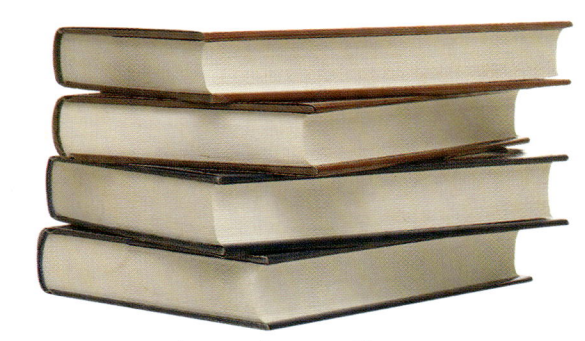
glue غِراء
chalk طَباشير
blackboard سَبّورة 
numbers أَرْقام 
globe كُرَة أَرْضِيَّة
pencil قَلَم رَصاص
calendar روزنامة 
rubber مِمْحاة
paper وَرَق 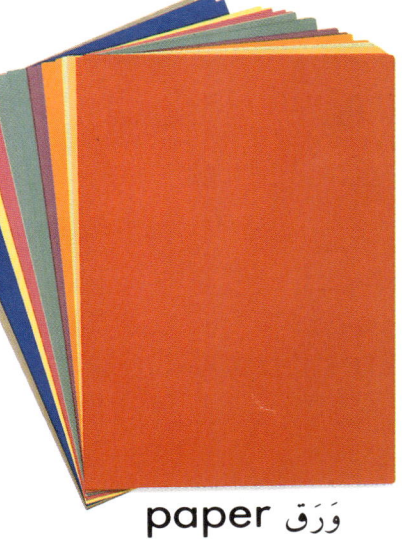
drawing الرَّسْم 
painting تَصْوير (تَلْوين) 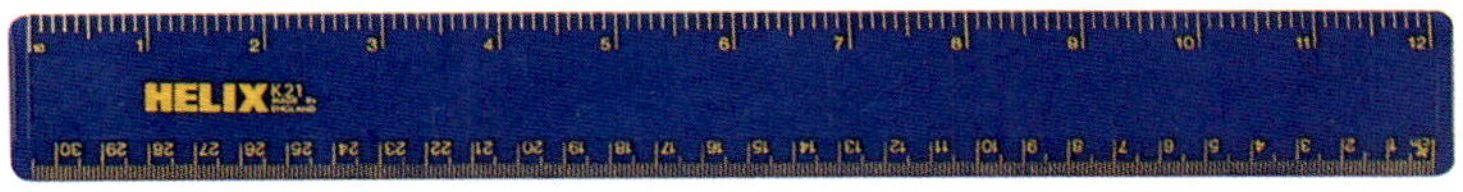
easel حامِل اللَّوْحَة
ruler مِسْطَرَة
crayons أَقْلام شَمْع مُلَوَّنة 

45

# At the seaside عَلى شاطِئ البَحْر

flag عَلَم

waves أَمْواج

shell صَدَفَة

sandcastle قَلْعَة رَمْلِيَّة

fish سَمَك

seaweed عُشْب بَحْرِيّ

pebbles حَصًى

toy windmill دولاب الهَواء

sand رَمْل

rocks صُخور

harbour مِيناء

rubber ring طَوْق العَوْم

cliffs جُرْف

sea بَحْر

beach شاطِئ

deckchair كُرْسِيّ البَحْرِ

starfish نَجْم البَحْر

46

armbands أَطْواق الذِّراع

sunglasses نَظّارات شَمْسِيَّة

ice-cream cone قَرْن جيلاتي

lighthouse مَنارة

beach umbrella مِظَلَّة الشّاطِئ

seagulls نَوْرسان

crab سَرَطان

swimsuit مايوه (ثَوْب السِّباحة)

beach ball كُرَة البَحْر

spade رَفْش

sun hat قُبَّعَة شَمْس

sail شِراع

handle مَسْكَة

bucket دَلْو

rock pool حَوْض صَخْرِيّ

sailing boat مَرْكَب شِراعِيّ

47

# Time, weather and seasons الوَقْت والطَّقْس والفُصول الأَرْبَعَة

## Time الوَقْت

daytime النَّهار

breakfast-time وَقْت الفَطور

playtime وَقْت اللَّهْو

bedtime وَقْت النَّوْم

night-time اللَّيْل

lunchtime وَقْت الغَداء

dinnertime وَقْت العَشاء

### Days of the week
أيّام الأُسْبوع

| | |
|---|---|
| Sunday الأَحَد | Thursday الخَميس |
| Monday الإثْنَيْن | Friday الجُمْعَة |
| Tuesday الثُّلاثاء | Saturday السَّبْت |
| Wednesday الأَرْبِعاء | |

### Months of the year شُهور السَّنَة

| | |
|---|---|
| January كانون الثّاني (يَناير) | July تَمّوز (يوليو) |
| February شُباط (فبراير) | August آب (أغسطس) |
| March آذار (مارس) | September أَيْلول (سِبْتمبر) |
| April نَيْسان (إبريل) | October تِشْرين الأَوَّل (أكتوبر) |
| May أيّار (مايو) | November تِشْرين الثّاني (نوفمبر) |
| June حَزيران (يونيو) | December كانون الأَوَّل (ديسمبر) |

# Weather الطَّقْس

sun الشَّمْس

cloud الغَيْم

rainbow قَوْس قُزَح

rain المَطَر

puddle الماء الموحِل

wind الرِّيح

snowman رَجُل الثَّلْج

snow الثَّلْج

# Seasons الفُصول

spring الرَّبيع

summer الصَّيْف

autumn الخَريف

winter الشِّتاء

# Sports الرِّياضة

**helmet** خُوذة

**American football** لُعْبَة كُرَة القَدَم الأميركِيَّة

**American football** الكُرَة (كُرَة القَدَم الأميركِيَّة)

**skating** التَّزَحْلُق على الجَليد

**ice skate** حِذاء التَّزَحْلُق عَلى الجَليد

**boxing gloves** قُفَّازا مُلاكَمَة

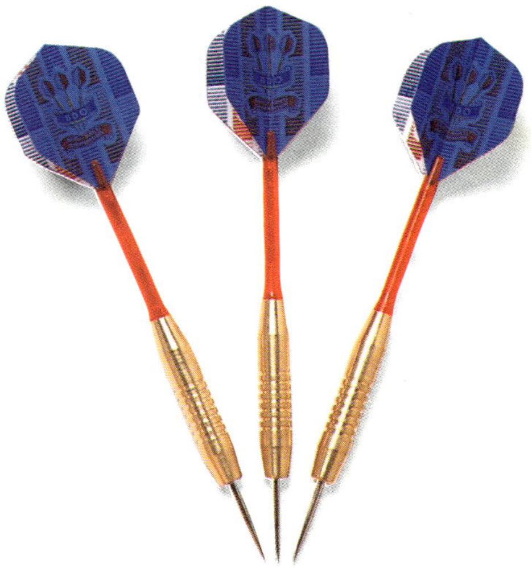

**shuttlecocks** رِيشات البَدْمِنْتون

**darts** سِهام

**skiing** تَزَلُّج

**skis** زَلّاجَتانِ

**horse riding** رُكوب الخَيْل

**badminton racquet** مِضْرَب البَدْمِنْتون

**fishing net** شَبَكَة صَيْد السَّمَك

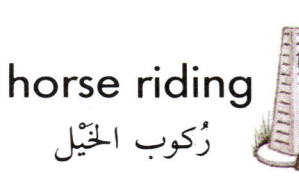

**fishing rod** صِنّارة صَيْد السَّمَك

50

| | |
|---|---|
| basketball | لُعْبَة كُرَة السَّلَّة |
| tennis | لُعْبَة كُرَة المِضْرَب (التِّنِس) |
| net | شَبَكَة |
| football | الكُرَة (كُرَة القَدَم) |
| tennis racquet | مِضْرَب التِّنِس |
| table-tennis bat | مِضْرَب كُرَة الطاوِلَة |
| cycling | رِياضَة الدَّرَّاجات |
| football | لُعْبَة كُرَة القَدَم |
| mask | قِناع |
| cricket bat | مِضْرَب الكريكيت |
| baseball bat | مِضْرَب البَيْسْبُول |
| skittles | لُعْبَة الأَوْتاد |
| yacht | يَخْت |
| snorkel | أُنْبوب الهَواء |
| baseball | لُعْبَة البَيْسْبُول |
| golf club | مِضْرَب الغولف |
| hockey stick | مِضْرَب الهُوكي |

# Action words الألْفاظ الدّالَّة على عَمَل !

reading القِراءَة

counting العَدّ

eating الأَكْل

drinking الشُّرْب

picking up الرَّفْع

hugging الغَمْر

crying البُكاء

sweeping الكِناسَة

giving العَطاء

taking الأَخْذ

pushing الدَّفـع

pulling السَّحْب

looking النَّظَر

whispering الهَمْس

shouting الصِيّاح

listening الاسْتِماع

talking الكَلام

pointing الإشارَة

standing الوُقوف

sitting الجُلوس

laughing الضَّحِك

smiling الابْتِسام

crawling الدَّبْدَبَة

running الرَّكْض

walking المَشي

carrying الحَمْل

sleeping النَّوْم

lying down التَّمَدُّد

# Playtime words  الألْفاظ الدّالَّة على وَقْت اللَّعِب

skipping الوَثْب

kicking الرَّكْل

hitting الدَّق

playing اللَّعِب

climbing التَّسَلُّق

building البِناء

dancing الرَّقْص

chasing المُطارَدَة

hopping النَّط

falling over الوُقوع

jumping القَفْز

blowing النَّفْخ

throwing الرَّمْي

catching الإمْساك

hinding الاخْتِباء

riding الرُّكوب

# Storybook words أَلْفاظٌ مِن القِصَص

dragon تِنّين
armour دِرْع
knight فارِس
monster وَحْش
Indian chief زَعيم هِنْدِيّ
pirate قُرْصان
crown تاج
cloak عَباءَة
dinosaur دينوصور
cowboy راعي البَقَر
fairy جِنِّيَّة
king مَلِك
queen مَلِكَة
sword سَيْف
princess أَميرَة
castle قَلْعَة
giant عِمْلاق
beanstalk ساق الفاصوليا
prince أمير
broomstick عَصا المِكْنَسَة
pumpkin يَقْطينَة

# Colours, shapes and numbers الأَلْوان والأَشْكال والأَرْقام

## Colours الأَلْوان

red أَحْمَر

blue أَزْرَق

green أَخْضَر

yellow أَصْفَر

orange بُرْتُقالِيّ

purple أُرْجُوانِيّ

brown بُنِّيّ

white أَبْيَض

black أَسْوَد

grey رَمادِيّ

pink زَهْرِيّ

## Shapes الأَشْكال

rectangle مُسْتَطِيل

square مُرَبَّع

circle دائِرَة

crescent هِلال

heart قَلْب

diamond مُعَيَّن

oval بَيْضاوِيّ

triangle مُثَلَّث

star نَجْمَة

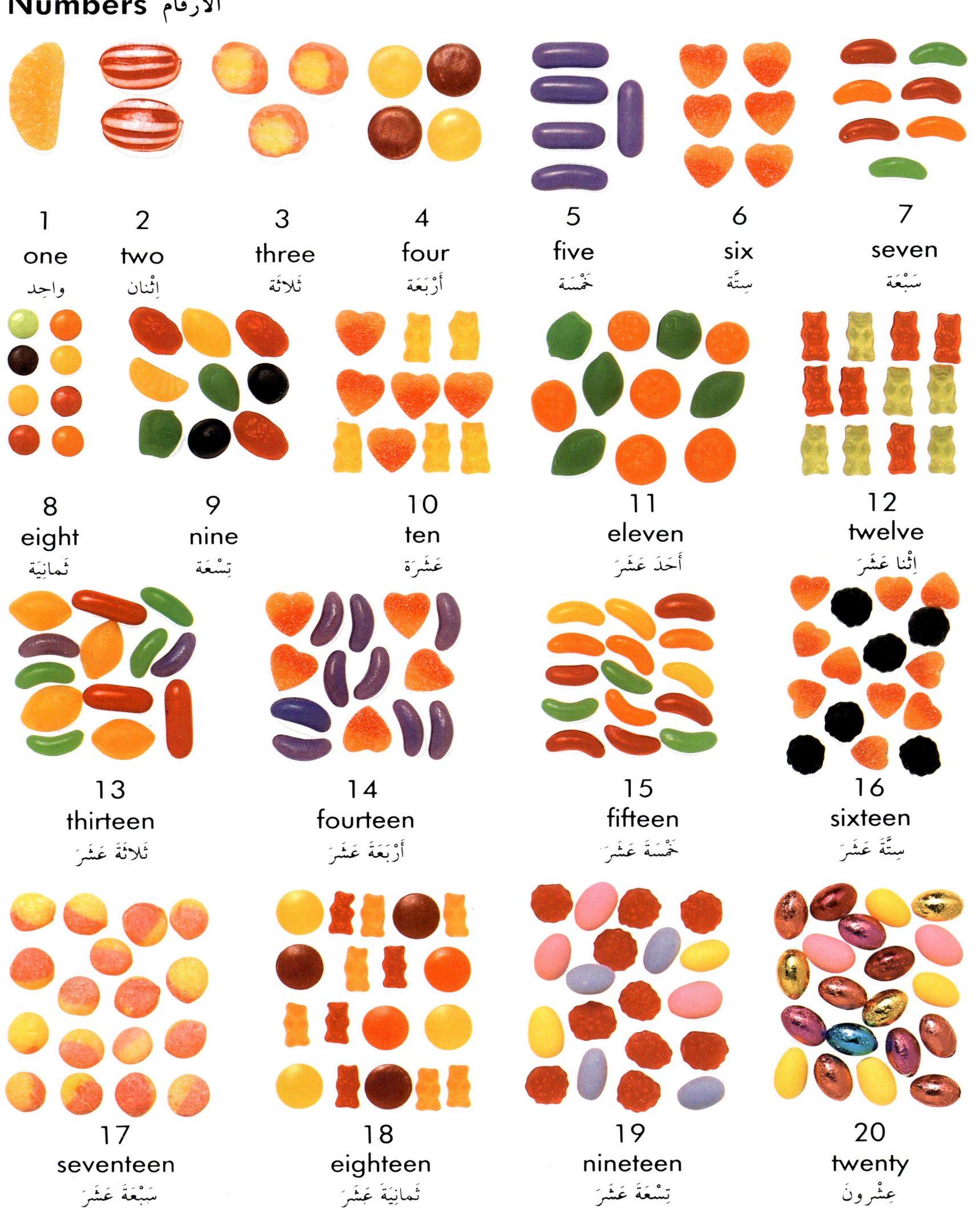

# Numbers الأَرْقام

1
one
واحِد

2
two
إثْنان

3
three
ثَلاثَة

4
four
أَرْبَعَة

5
five
خَمْسَة

6
six
سِتَّة

7
seven
سَبْعَة

8
eight
ثَمانِيَة

9
nine
تِسْعَة

10
ten
عَشَرَة

11
eleven
أَحَدَ عَشَرَ

12
twelve
إثْنا عَشَرَ

13
thirteen
ثَلاثَةَ عَشَرَ

14
fourteen
أَرْبَعَةَ عَشَرَ

15
fifteen
خَمْسَةَ عَشَرَ

16
sixteen
سِتَّةَ عَشَرَ

17
seventeen
سَبْعَةَ عَشَرَ

18
eighteen
ثَمانِيَةَ عَشَرَ

19
nineteen
تِسْعَةَ عَشَرَ

20
twenty
عِشْرونَ

# Position words كَلِمات تَعْيِيْن الأَماكِن

in
داخِل (في)

between بَيْنَ

above أَعْلى

below أَدْنى

on top على ظَهْر

far بَعيد

near قَريب

beside بِجانِب

behind وَراء (خَلْف)

in front أَمام

up صُعودًا

down نُزولًا

top القِمَّة

on عَلى

off عَنْ

over فَوْق

under تَحْت

bottom القاعِدَة

last الأخير

third الثَّالِث

second الثَّاني

first الأوَّل

# Opposites الأضْداد

sad حَزين

happy سَعيد

smooth ناعِم

rough خَشِن

thin رَفيع

fat غَليظ

fast سَريع

soft لَيِّن

hard قاسٍ

slow بَطيء

awake مُسْتَيْقِظ

asleep نائِم

full مُمْتَلِئ

empty فارِغ

wet مُبْتَلّ

dry جافّ

big كَبير

small صَغير

open مَفتوح

shut مُغْلَق

left يَسار

front واجِهَة     back قَفا     heavy ثَقيل     light خَفيف

old قَديم     new جَديد     long طَويل     short قَصير

hot ساخِن     cold بارِد     high عالٍ     low مُنْخَفِض

right يَمين     clean نَظيف     dirty وَسِخ

# Index

Above ... 58
acorns ... 34
aeroplane ... 31
airport ... 31
airship ... 30
ambulance ... 31
American football ... 50
ankle ... 5
anorak ... 6
anteater ... 41
ants ... 19
apples ... 14
April ... 48
apron ... 12
arm ... 5
armbands ... 47
armchair ... 10
armour ... 55
asleep ... 60
attic ... 8
August ... 48
autumn ... 49
awake ... 60

Back ... 5, 61
badminton racquet ... 50
bag ... 27
balcony ... 8
balloon ... 42
banana ... 15
bandage ... 11
bannister ... 8
bark ... 35
barn ... 37
barrow ... 22
baseball ... 51
baseball bat ... 51
basket ... 39
basketball ... 51
bath ... 8, 16
bath mat ... 16
bathroom ... 8
battery ... 44
beach ... 46
beach ball ... 47
beach umbrella ... 47
beads ... 6
beak ... 38
beakers ... 43
beans ... 15
beanstalk ... 55
bear ... 40
bed ... 8, 11
bedroom ... 8
bedtime ... 48
bee ... 19
beef ... 15
beetle ... 35
behind ... 58
below ... 58
belt ... 6
bench ... 24
berries ... 34
beside ... 58
between ... 58

bicycle ... 30
big ... 60
bin ... 13
bird ... 34
bird's eggs ... 34
bird's nest ... 34
biscuit cutters ... 13
biscuits ... 14
bison ... 41
black ... 56
blackberries ... 33
blackboard ... 45
blackcurrants ... 26
blanket ... 11
block of flats ... 22
blossom ... 34
blowing ... 54
blue ... 56
board game ... 42
boat ... 30
body ... 5
boiled eggs ... 15
bolt ... 21
bone ... 39
bonnet ... 28
book ... 10
books ... 45
bookcase ... 10
boot ... 29
bottles ... 27
bottom ... 5, 59
bow ... 44
bowl ... 13
box ... 27
boxing gloves ... 50
braces ... 6
branch ... 34
bread ... 15
breakfast-time ... 48
bricks ... 23
bridge ... 32
broom ... 12
broomstick ... 55
brown ... 56
brush ... 12
bubble bath ... 17
bubbles ... 17
bucket ... 47
buckle ... 6
budgerigar ... 39
buds ... 35
buggy ... 24
building ... 54
building bricks ... 43
building site ... 23
bulbs ... 18
bull ... 37
bulldozer ... 30
bumper ... 28
bus ... 31
butter ... 14
buttercups ... 33
butterfly ... 19
buttons ... 6

Cabbage ... 27

café ... 22
cage ... 39
cake ... 15
cake tin ... 13
calendar ... 45
calf ... 37
camel ... 41
camera ... 42
campsite ... 33
canary ... 39
canes ... 18
cap ... 7
car ... 30
car ferry ... 30
car wash ... 29
caravan ... 33
cardigan ... 6
cards ... 43
carpet ... 8
carriage ... 30
carrot ... 15
carrying ... 53
cash register ... 27
castle ... 55
cat ... 38
catching ... 54
caterpillars ... 35
ceiling ... 8
celery ... 27
cellar ... 8
cereal ... 26
chair ... 11
chalk ... 45
chasing ... 54
checkout ... 27
cheek ... 4
cheese ... 27
cheque book ... 27
cherries ... 26
chest ... 5
chest of drawers ... 11
chestnuts ... 35
chick ... 34, 37
children ... 24
chimney ... 9
chimpanzee ... 40
chin ... 4
chips ... 14
chisel ... 21
chocolate ... 27
cinema ... 22
circle ... 56
claws ... 39
clean ... 61
cliffs ... 46
climbing ... 54
climbing frame ... 25
cloak ... 55
clock ... 11
cloud ... 49
coat ... 7
cockerel ... 37
coffee ... 26
colander ... 13
cold ... 61
collar ... 39

colours ... 56
comb ... 16
combine harvester ... 37
computer ... 11
cones ... 23
convertible ... 29
cooker ... 8, 12
cornfield ... 36
cotton buds ... 17
cotton wool balls ... 16
counting ... 52
counting frame ... 43
courgettes ... 27
cow ... 37
cowboy ... 55
crab ... 47
crane ... 23
crane arm ... 23
crawling ... 53
crayons ... 45
crescent ... 56
cricket bat ... 51
crisps ... 15
crocodile ... 40
crown ... 55
crying ... 52
cucumber ... 27
cup ... 13
cupboard ... 13
curtains .. 10
cushion ... 11
cycling ... 50
cygnet ... 25
cymbals ... 44

Daffodils ... 19
daisies ... 33
dancing ... 54
dandelion ... 33
darts ... 50
dashboard ... 28
daughter ... 9
days ... 48
daytime ... 48
December ... 48
deckchair ... 46
deodorant ... 16
diamond ... 56
dice ... 42
digger ... 30
dinnertime ... 48
dinosaur ... 55
dirty ... 61
dog ... 39
doll ... 42
doll's house ... 43
doll's pram ... 42
dolphin ... 40
door ... 28
doormat ... 10
down ... 59
dragon ... 55
dragonfly ... 32
draining board ... 13
drainpipe ... 8
drawing ... 45

dress ... 7
dressing gown ... 7
drill ... 20
drinking ... 52
drive ... 9
drum ... 44
dry ... 60
duck ... 37
ducklings ... 37
dumper truck ... 31
dungarees ... 6
dustpan ... 12
duvet ... 11

Ear ... 4
easel ... 45
eating ... 52
egg cup ... 12
eight ... 57
eighteen ... 57
elbow ... 5
elephant ... 41
eleven ... 57
empty ... 60
engine ... 28, 31
estate car ... 29
eye ... 4
eyebrow ... 4
eyelashes ... 4

Face ... 5
face flannel ... 17
factory ... 23
factory chimney ... 23
fairy ... 55
falling over ... 54
family ... 9
far ... 58
farmhouse ... 36
farmyard ... 36
fast ... 60
fat ... 60
father ... 9
feathers ... 38
February ... 48
fence ... 36
ferns ... 32
field ... 36
fifteen ... 57
file ... 20
fin ... 40
finger ... 4
fir needles ... 34
fire engine ... 31
fireplace ... 8
first ... 59
fish ... 26, 46
fish tank ... 38
fishing net ... 50
fishing rod ... 50
five ... 57
flag ... 46
flask ... 25
floor ... 8
flour ... 26

flower ... 18, 24
flowerpots ... 18
food mixer ... 12
foot ... 5
football ... 50
forehead ... 4
fork ... 12, 18
fountain ... 24
four ... 57
fourteen ... 57
fox ... 33
Friday ... 48
fridge ... 12
front ... 61
front door ... 9
fruit ... 26
fruit bun ... 15
fruit salad ... 15
frying pan ... 12
full ... 60
fur ... 39

Garage ... 9, 22
gate ... 36
gazelle ... 40
gear lever ... 29
giant ... 55
giraffe ... 40
giving ... 52
glass ... 13
glider ... 31
globe ... 45
gloves ... 7
glue ... 45
goat ... 36
goldfish ... 38
golf club ... 51
goose ... 36
grandfather ... 9
grandmother ... 9
grapes ... 26
grass ... 19
green ... 56
green beans ... 27
greenhouse ... 19
grey ... 56
guitar ... 42
gutter ... 8

Hacksaw ... 20
hair ... 4
hair slide ... 16
hairband ... 16
hairbrush ... 16
hairdryer ... 10
hamburger ... 14
hammer ... 20
hamsters ... 38
hand ... 5
handbrake ... 29
handle ... 47
hang glider ... 31
hanger ... 7
happy ... 60
harbour ... 46
hard ... 60
hatchback ... 29
hay bale ... 36
head ... 5
headlights ... 29

heart ... 56
heavy ... 61
hedge ... 9
heel ... 5
helicopter ... 31
helmet ... 50
hen ... 37
hen coop ... 37
hiding ... 54
high ... 61
high chair ... 13
hills ... 32
hip ... 5
hippopotamus ... 40
hitting ... 54
hobby horse ... 43
hockey stick ... 50
honey ... 14
hoof ... 39
hopping ... 54
horns ... 40
horse ... 36
horse riding ... 50
hosepipe ... 19
hot ... 61
hot-air balloon ... 31
hugging ... 52

Ice-cream ... 15
ice-cream cone ... 47
ice-cream van ... 25
ice skate ... 50
ignition key ... 28
in ... 58
in front ... 58
Indian chief ... 55
indicator ... 28
iron ... 13
ironing board ... 13
island ... 32
ivy ... 35

Jack-in-the-box ... 42
jam ... 26
January ... 48
jeans ... 6
jeep ... 29
jug ... 12
juice ... 14
July ... 48
jumper ... 7
jumping ... 54
June ... 48

Kangaroo ... 40
kettle ... 13
keys ... 11
kicking ... 54
king ... 55
kitchen ... 8
kite ... 24
kittens ... 39
knee ... 5
knickers ... 6
knife ... 12
knight ... 55
knitting ... 43
knitting needles ... 43
knuckle ... 4
koala ... 41

Ladder ... 21
ladybirds ... 18
lake ... 32
lamb ... 36
lamp ... 11
last ... 59
laughing ... 53
lawn ... 18
lawn mower ... 18
lead ... 39
leaves ... 35
left ... 60
leg ... 5
lemon ... 26
leopard ... 40
letters ... 45
lettuce ... 27
light ... 61
light bulb ... 11
lighthouse ... 47
limousine ... 28
lion ... 41
lip ... 4
lipstick ... 17
listening ... 53
lizard ... 41
lock ... 28
long ... 61
looking ... 52
lorry ... 30
low ... 61
lunch box ... 25
lunchtime ... 48
lying down ... 53

Magnet ... 44
make-up ... 17
make-up bag ... 16
mane ... 39
map ... 44
marbles ... 42
March ... 48
market ... 22
market stall ... 22
mask ... 43, 51
matches ... 13
May ... 48
meat ... 26
medicine ... 11
milk ... 14
mirror ... 17
mittens ... 7
mixing bowl ... 13
model dinosaur ... 44
modelling clay ... 44
Monday ... 48
money ... 27
monster ... 55
months ... 48
mop ... 13
moss ... 35
moth ... 35
mother ... 9
motorbike ... 30
mountain ... 32
mouse ... 39
mouth ... 4
mug ... 13
mushrooms ... 33
music book ... 44

Nail ... 4
nailbrush ... 17
nails ... 20
napkin ... 12
nasturtiums ... 19
near ... 58
neck ... 5
needle ... 43
net ... 51
new ... 61
night-time ... 48
nightdress ... 7
nine ... 57
nineteen ... 57
nose ... 4
nostril ... 4
November ... 48
numbers ... 45, 57
nut ... 21
nuts ... 14, 35

October ... 48
off ... 59
offices ... 23
oilcan ... 21
old ... 61
on ... 59
on top ... 58
one ... 57
onion ... 27
open ... 60
orange ... 26, 56
orchard ... 32
ostrich ... 40
oval ... 56
oven ... 12
oven glove ... 12
over ... 59
owl ... 34

Paintbrush ... 44
painting ... 45
paints ... 44
palm ... 4
panda ... 41
pansies ... 18
pants ... 6
paper ... 45
parachutes ... 30
parking meter ... 23
parrots ... 38
paw ... 39
peaches ... 26
peacock ... 40
pears ... 14
peas ... 14
pebbles ... 46
pelican ... 40
pencil ... 45
penguin ... 41
penknife ... 20
pepper ... 27
perch ... 39
perfume ... 16
petal ... 18
petrol cap ... 28
petrol pump ... 22
petticoat ... 7
piano ... 44

picking up ... 52
picnic ... 24
picnic basket ... 24
picture ... 10
pigeons ... 25
pillow ... 11
pineapple ... 26
pine cones ... 34
pink ... 56
pirate ... 55
pizza ... 14
place mat ... 12
plane ... 20
plank of wood ... 21
plasters ... 11
plate ... 12
playground ... 44
playing ... 54
playtime ... 48
pliers ... 20
plough ... 37
plug ... 17
plums ... 34
pointing ... 53
polar bear ... 41
police car ... 31
pond ... 37
pony ... 39
popcorn ... 15
porch ... 9
potatoes ... 27
pot of cream ... 17
pot plant ... 19
potty ... 16
pram ... 25
prince ... 55
princess ... 55
puddle ... 49
pulling ... 52
pumpkin ... 55
puppets ... 43
puppies ... 38
purple ... 56
purse ... 27
pushing ... 52
puzzle ... 43
pyjamas ... 6

Queen ... 55

Rabbit ... 32
racing car ... 31
radiator ... 10
radio ... 10
railway line ... 30
rain ... 49
rainbow ... 49
raincoat ... 7
raisins ... 15
rake ... 19
raspberries ... 26
rattle ... 42
razor ... 17
reading ... 52
rear lights ... 29
record player ... 10
recorder ... 44
rectangle ... 56
red ... 56
rhinoceros ... 41

63

ribbons ... 16
rice ... 15
riding ... 54
right ... 61
river ... 32
road ... 23, 33
robot ... 43
rock pool ... 47
rocket ... 31
rocks ... 46
roller skates ... 24
rolling pin ... 12
roof ... 9, 29
roots ... 35
rope ... 21
rose ... 18
rough ... 60
roundabout ... 23, 24
rubber ... 45
rubber gloves ... 12
rubber ring ... 46
ruler ... 53

Sad ... 60
safety belt ... 29
sail ... 47
sailing boat ... 47
salad ... 14
saloon car ... 28
sand ... 46
sandals ... 6
sandcastle ... 46
sandpaper ... 21
sandpit ... 24
sandwich ... 14
Saturday ... 48
saucepan ... 13
saucer ... 13
sausages ... 14
saw ... 21
sawdust ... 21
scaffolding ... 23
scales ... 40
scarf ... 7
scissors ... 44
scooter ... 30
screwdriver ... 21
screws ... 21
sea ... 46
seagulls ... 47
seasons ... 49
seaweed ... 46
secateurs ... 18
second ... 59
seed tray ... 19
seedlings ... 19
seeds ... 19
seesaw ... 25
September ... 48
seven ... 57
seventeen ... 57
sewing ... 43
sewing machine ... 10
shampoo ... 16

shapes ... 56
shark ... 40
shaving brush ... 17
shaving foam ... 17
sheep ... 36
sheepdog ... 37
shelf ... 20
shell ... 38, 46
shirt ... 7
shoes ... 6
shop assistant ... 27
shopping basket ... 26
short ... 61
shorts ... 6
shoulder ... 5
shouting ... 53
shower ... 17
shut ... 60
shutters ... 8
shuttlecocks ... 50
sieve ... 12
sink ... 13
sitting ... 53
sitting room ... 8
six ... 57
sixteen ... 57
skateboard ... 25
skating ... 50
skiing ... 50
skipping ... 54
skipping rope ... 25
skirt ... 7
skis ... 50
skittles ... 51
skyscraper ... 23
sleeping ... 53
slide ... 25
slippers ... 25
slow ... 60
small ... 60
smiling ... 53
smooth ... 60
snail ... 19
snake ... 41
snorkel ... 51
snow ... 49
snowman ... 49
snowsuit ... 7
soap ... 17
socks ... 6
sofa ... 8, 10
soft ... 60
soil ... 18
soldiers ... 42
son ... 9
spade ... 19, 47
spaghetti ... 15
spanner ... 21
speedometer ... 28
spinning top ... 42
spirit level ... 20
sponges ... 16
spoon ... 12
sports car ... 28
sports stadium ... 23

spring ... 49
square ... 56
squirrel ... 34
stable ... 37
stairs ... 8
standing ... 53
star ... 56
starfish ... 46
statue ... 24
steering wheel ... 28
stem ... 18
stepladder ... 21
steps ... 9
stick ... 35
stool ... 10
straw hat ... 6
strawberries ... 15
stream ... 32
street lamp ... 23
string ... 18
submarine ... 30
sugar ... 14
summer ... 49
sun ... 49
sun hat ... 47
Sunday ... 48
sunflower ... 18
sunglasses ... 47
swan ... 25
sweatshirt ... 7
sweeping ... 52
sweetcorn ... 14
sweets ... 26
swimming pool ... 22
swimsuit ... 47
swing ... 25
sword ... 55

T-shirt ... 6
table ... 11
table-tennis bat ... 51
tablets ... 11
tacks ... 21
tadpoles ... 38
tail ... 38
taking ... 52
talcum powder ... 16
talking ... 53
tape measure ... 20
tap ... 16
tarts ... 14
taxi ... 30
teacher ... 45
teapot ... 13
teddy bear ... 42
teeth ... 4
telephone ... 10
telephone box ... 22
television ... 11
ten ... 57
tennis ... 51
tennis racquet ... 51
tent ... 33
theatre ... 22

thermometer ... 11
thin ... 60
third ... 59
thirteen ... 57
thread ... 43
three ... 57
throwing ... 54
thumb ... 4
Thursday ... 48
tiger ... 40
tights ... 7
time ... 48
tins ... 27
tissues ... 17
toad ... 32
toadstools ... 35
toast ... 15
toes ... 5
toilet ... 17
toilet rolls ... 26
tomatoes ... 14
toolbox ... 20
toothbrush ... 16
toothpaste ... 16
top ... 59
tortoise ... 38
towel ... 16
town hall ... 22
toy car ... 42
toy duck ... 17
toy frog ... 17
toy windmill ... 46
tracksuit ... 7
tractor ... 36
traffic lights ... 23
trailer ... 36
train ... 31
train set ... 42
trainers ... 6
tree ... 34
triangle ... 44, 56
tricycle ... 24
trolley ... 27
trousers ... 6
trowel ... 18
trunk ... 35, 41
Tuesday ... 48
tulips ... 19
tummy ... 5
tummy button ... 5
tusk ... 41
twelve ... 57
twenty ... 57
twig ... 34
two ... 57
tyre ... 28

Umbrella ... 7
under ... 59
up ... 59

Vacuum cleaner ... 10
valley ... 32

van ... 31
vegetable oil ... 26
vegetables ... 27
vest ... 6
village ... 32
vintage car ... 29
violin ... 44

Walking ... 53
wall ... 9
wallpaper ... 8
wardrobe ... 11
washbasin ... 16
washing machine ... 13
washing powder ... 27
washing-up liquid ... 26
wasp ... 18
watch ... 6
water ... 16
water weed ... 38
waterfall ... 33
watering can ... 19
waterlilies ... 32
waves ... 46
weather ... 49
Wednesday ... 48
weeds ... 19
week ... 48
weighing scales ... 12
wellington boots ... 7
wet ... 60
wheel ... 28
wheelbarrow ... 19
whiskers ... 38
whispering ... 53
whistle ... 42
white ... 56
wild flowers ... 33
window ... 9
window box ... 9
windowsill ... 9
windscreen ... 29
windscreen wipers ... 29
wind ... 49
wing ... 28, 39
winter ... 49
wires ... 21
wood ... 20, 35
woodpecker ... 35
woolly hat ... 6
workbench ... 20
worms ... 19
wrench ... 20
wrist ... 4
writing ... 45

Yacht ... 51
year ... 48
yellow ... 56
yoghurt ... 15

Zebra ... 41

قالِب الحَلوى ... ١٣
قامِطَة الشَّعْر ... ١٦
القُبَّعَة ... ٧،٤٧
القُبَّعَة الصّوفِيَّة ... ٦
قُبَّعَة القَشّ ... ٦
القَبْو ... ٨
القِدْر ذات اليَد ... ١٣
القَدَم ... ٥
قَديم ... ٦١
قَرَأَ ... ٥٢
قُرْب ... ٥٨
القِرْش ... ٤٠
القُرْصان ... ٥٥
قَرْن الجيلاتي (آيس كْريم) ... ٤٧
القِرْنان ... ٤٠
القَرْيَة ... ٣٢
القَصْر ... ٥٥
القَصْر الرَّمْلِيّ ... ٤٦
القَصْرِيَّة (النّونِيَّة) ... ١٦
قَصير ... ٦١
القِطار ... ٣١،٤٢
قِطَع التَّرْكيب ... ٤٣
قَفَزَ ... ٥٤
القَفَص ... ٣٩
قُفّاز الفُرْن ... ١٢
قُفّازا المُلاكَمَة ... ٥٠
القُفّازان ... ٧
القُفّازان (بِدون أصابع) ... ٧
القُفّازان المَطّاطِيّان ... ١٢
القُفْل ... ٢٨
القَلْب ... ٥٦
قَلَم الرَّصاص ... ٤٥
القَميص ... ٧
القَميص الخَفيف ... ٦
قَميص النَّوْم ... ٧
القِناع ... ٤٣،٥١
قَوالِب البَسْكَويت ... ١٣
قَوْس القُزَح ... ٤٩
قَوْس الكَمان ... ٤٤
القيثارَة ... ٤٢

## ك

الكَأس ... ١٣
كَأس البَيْضَة ... ١٢
الكاحِل ... ٥
كانون الأوَّل (ديسمبر) ... ٤٨
كانون الثّاني (يناير) ... ٤٨
الكَبّوسين ... ١٩
كَبير ... ٦٠
الكِتاب ... ١٠
كِتاب الموسيقى ... ٤٤
كَتَبَ ... ٤٥
الكُتُب ... ٤٥
الكَتِف ... ٥
الكُرَة الأرْضِيَّة ... ٤٥
كُرَة البَحْر ... ٤٧
كُرَة السَّلَّة ... ٥١
كُرَة القَدَم ... ٥١
كُرَة القَدَم الأميرِكِيَّة ... ٥٠
كُرَة المِضْرَب (التِّنِس) ... ٥١
الكَرَز ... ٢٦
الكُرْسِيّ ... ١١
كُرْسِيّ بِلا ظَهْر ... ١٠
كُرْسِيّ الطِّفْل ... ١٣
الكُرْسِيّ الطَّويل ... ٤٦
الكَرَفْس ... ٢٧
الكَرْكَدَّن (وَحيد القَرْن) ... ٤١
كُرَيات القُطْن (الطِّبِّيّ) ... ١٦
الكَسْتَناء (أبو فَرْوَة) ... ٣٥
الكِشْمِش الأسْوَد ... ٢٦
الكَعْب ... ٥
الكَعْكَة ... ١٥
كَعْكَة الزَّبيب ... ١٥
الكَفّ ... ٣٩
الكَلْب ... ٣٩
كَلْب الرّاعي ... ٣٧
الكُلَل (البِلْيات) ... ٤٢
الكَمان ... ٤٤
الكَنارِيّ ... ٣٩
الكَنْزَة ... ٧
الكَنْزَة الرِّياضِيَّة الواسِعَة ... ٧
كَنَسَ ... ٥٢
الكَنْغَر ... ٤٠
الكوالا ... ٤١
الكوز (الكوب ذو المِقْبَض) ... ١٣
كوزا الصَّنَوْبَر ... ٣٤
الكوسى ... ٢٧
الكومْبيوتَر ... ١١
الكيس ... ٢٧

## ل

لِباس (للثَّلْج) ... ٧
اللِّباس اللَّصوق ... ٧
اللَّبْلاب ... ٣٥
اللَّبَن الرّائِب (الزَّبادِيّ) ... ١٥
لِحاء الشَّجَر ... ٣٥
اللِّحاف ... ١١
اللَّحْم ... ٢٦
لَحْم البَقَر ... ١٥
لَعِبَ ... ٥٤
لُعْبَة الأكْواب ... ٤٣
لُعْبَة الأوتاد ... ٥١
لُعْبَة البايسبول ... ٥١
لُعْبَة كُرَة القَدَم ... ٥١
لُعْبَة كُرَة القَدَم الأميرِكِيَّة ... ٥٠
اللَّمْبَة ... ١١
اللَّوْح ... ٤٥
لَوْح التَّدَحْرُج ... ٢٥
لَوْح الخَشَب ... ٢١
لَوْح الكَيّ ... ١٣
اللَّوْحَة ... ١٠
لَوْحَة أجْهِزَة القِياس ... ٢٨
لَوْحَة رَقْم السَّيّارَة ... ٢٩
اللَّوْز ... ١٤
لَوَّنَ ... ٤٥
اللَّيْل ... ٤٨
اللّيموزين (السَّيّارَة الفَخْمَة) ... ٢٨
اللَّيْمون الحامِض ... ٢٦
لَيِّن ... ٦٠

## م

المُؤَخَّرَة ... ٥
المُؤَشِّر ... ٢٨
المِئْزَر ... ١٢
الماء ... ١٦
ماكِنَة الحِلاقَة ... ١٧
ماكِنَة الخِياطَة ... ١٠
المايوه (لِباس السِّباحَة) ... ٤٧
مُبْتَلّ ... ٦٠
المِبْرَد ... ٢٠
المِثْقاب ... ٢٠
المُثَلَّث ... ٤٤،٥٦
مَجْثَم الطّائِر ... ٣٩
المِجْرَفَة ... ١١
مُجَفِّف الشَّعْر ... ١٠
المُحَرِّك ... ٢٨
مَحَطَّة الوَقود ... ٢٢
المَخْفَظَة ... ٢٧
المَخالِب ... ٣٩
المِخَدَّة ... ١١
مَخْزَن الحُبوب ... ٣٧
مُخَفِّف الصَّدَمات ... ٢٨
المَدْخَل ... ٩
المِدْخَنَة ... ٩
مِدْخَنَة المَصْنَع ... ٢٣
مُدَوِّرَة الأُسْطُوانات ... ١٠
المِذْياع (الرّاديو) ... ١٠
المِرْآة ... ١٧
المَرْأَب ... ٩
المُرَبَّع ... ٥٦
المُرَبّى ... ٢٦
المَرْجَة ... ١٨
المِرْحاض ... ١٧
المَرَدّ ... ٧
المِرَشَّة ... ١٩
المِرْفَق ... ٥
المَرْكَب الشِّراعِيّ ... ٤٧
المِزْراب ... ٨
المِزْيَنَة ... ٢١
مُزيل الرّائِحَة ... ١٦
المَسامير ... ٢٠
المَسامير العَريضَة الرَّأس ... ٢١
المُسْتَديرَة ... ٢٣
المُسْتَطيل ... ٥٦
مُسْتَيْقِظ ... ٦٠
مُسَجِّلَة النَّقْد ... ٢٧
المِسْحاج ... ٢٠
مَسْحوق الغَسيل ... ٢٧
المَسْرَح ... ٢٢
مَسّاحَة الزُّجاج ... ٢٩
المِسْطَرَة ... ٤٥
المَسْكَة ... ٤٧
مِشْبَك الشَّعْر ... ١٦
المِشْط ... ١٦
مِشْط البُسْتانِيّ ... ١٩
مِشَكّ الصُّحون ... ١٣
مَشى ... ٥٣
المِصْباح ... ١١
المِصْباح الأمامِيّ ... ٢٩
المِصْباح الخَلْفِيّ ... ٢٩
مِصْباح الشّارِع ... ٢٣
المِصْراع ... ٨
المِصْفاة ... ١٢،١٣
المَصْنَع ... ٢٣
مِضَخَّة الوَقود ... ٢٢
مِضْرَب البايسبول ... ٥١
مِضْرَب البَدْمِنْتون ... ٥٠
مِضْرَب التِّنِس ... ٥١
مِضْرَب الغولْف ... ٥١
مِضْرَب كُرَة الطّاوِلَة ... ٥١
مِضْرَب الكريكيت ... ٥١
مِضْرَب الهوكي ... ٥١
المَطار ... ٣١
المَطْبَخ ... ٨
المَطَر ... ٤٩
المِطْرَقَة ... ٢٠
مِظَلّات الهُبوط ... ٣٠
المِظَلَّة ... ٧
مِظَلَّة الشَّمْس ... ٤٧
مَعْجون الأسْنان ... ١٦
مَعْجون التَّشْكيل ... ٤٤
المِعْداد ... ٤٣
المِعْطَف ... ٧
مِعْطَف المَطَر ... ٧
المَعْكَرونَة ... ١٥
المُعَلَّبات ... ٢٧
المُعَلِّمَة ... ٤٥
المُعَيَّن ... ٥٦
مَغْسَل السَّيّارات ... ٢٩
المَغْسَلَة ... ١٦
المَغْطَس ... ٨،١٦
مُغْلَق ... ٦٠
المِغْناطيس ... ٤٤
المَفاتيح ... ١١
مِفْتاح الإشْعال ... ٢٨
المِفْتاح الإنْكِليزيّ ... ٢٠
مِفْتاح الرَّبْط ... ٢١
مَفْتوح ... ٦٠
مَفْصِل الإصْبَع ... ٤
مِفَكّ البَراغِيّ ... ٢١
المِقْحَفَة ... ١٨
المِقَصّ ... ٤٤
مِقَصّ التَّقْليم ... ١٨
المَقْعَد الخَشَبِيّ ... ٢٤
المَقْعَد المُنَجَّد ... ١٠
المِقْلاة ... ١٢
المَقْهى ... ٢٢
مِقْوَد الحَيَوان ... ٣٩
المَكاتِب ... ٢٣
المِكْنَسَة ... ١٢،٥٥
المِكْنَسَة الكَهْرَبائِيَّة ... ١٠
المِكْواة ... ١٣
المَلْعَب ... ٤٤
المَلْعَب المُدَرَّج ... ٢٣
المِلْعَقَة ... ١٢
المَلْفوف (الكُرُنْب) ... ٢٧
المَلِك ... ٥٥
المَلِكَة ... ٥٥
مُمْتَلِئ ... ٦٠
المِمْحاة ... ٤٥
مِمْسَحَة الأرْجُل ... ١٠
المَناديل الوَرَقِيَّة ... ١٧
المَنارَة ... ٤٧
المُنَبِّه ... ١١
المَنْخِر ... ٤
مُنْخَفِض ... ٦١
المِنْشار ... ٢١
مِنْشار المَعادِن ... ٢٠
المِنْشاق (أُنْبوب الهَواء) ... ٥١
المِنْشَفَة ... ١٦
مِنْشَفَة الوَجْه ... ١٧
المُنْطاد ... ٣٠
المُنْطاد الهَوائِيّ ... ٣١
المِنْقار ... ٣٨
المُهْر ... ٣٩
مَوادّ التَّجْميل ... ١٧
المَوْزَة ... ١٥
مُوَظَّفَة صُنْدوق المَتْجَر ... ٢٧
المَوْقِد ... ٨
مَوْقِع المُخَيَّم ... ٣٣
الميزان ... ١٢
ميزان البَنّائين ... ٢٠
ميزان الحَرارَة ... ١١
الميناء ... ٤٦

## ن

نائِم ... ٦٠
النّاب ... ٤١
ناطِحَة السَّحاب ... ٢٣
النّافورَة ... ٢٤
نامَ ... ٥٣
النّاي ... ٤٤
نَبْتَة الأصيص ... ١٩
نَجْم البَحْر ... ٤٦
النَّجْمَة ... ٥٦
النَّخْلَة ... ١٩
النَّرْجِس البَرِّيّ ... ١٩
النَّرْد ... ٤٢
النُّزْهَة ... ٢٤
نُزولًا ... ٥٩
النُّشارَة ... ٢١
نَطَّ ... ٥٤
نَظَرَ ... ٥٢
النَّظّارَة الشَّمْسِيَّة ... ٤٧
نَظيف ... ٦١
النَّعامَة ... ٤٠
نَفَخَ ... ٥٤
النَّقانِق ... ١٤
نُقْعَة الماء ... ٤٩
نَقّار الخَشَب ... ٣٥
النُّقود ... ٢٧
النَّمِر ... ٤٠
النَّمْل ... ١٩
النَّهار ... ٤٨
النَّهْر ... ٣٢
النَّوْرَسان ... ٤٧
النَّوّاسَة ... ٢٥
نَيْسان (أبريل) ... ٤٨
النَّيْلوفَر (زَنْبَق الماء) ... ٣٢

## هـ

الهاتِف (التِّلِفون) ... ١٠
الهِرّ ... ٣٨
الهِرَرَة الصَّغيرَة ... ٣٩
الهِلال ... ٥٦
الهَمْبَرْغَر ... ١٤
هَمَسَ ... ٥٣
الهَمَسْتَران ... ٣٨
الهِنْدِباء البَرِّيَّة ... ٣٣
هَيْكَل التَّسَلُّق ... ٢٥

## و

واحِد ... ٥٧
الوادي ... ٣٢
الوَجْه ... ٥
وَجْه السّاعَة ... ٦١
الوَحْش ... ٥٥
وَراء (خَلْف) ... ٥٨
الوَرْدَة ... ١٨
وَرْشَة البِناء ... ٢٢
وَرَق الجُدْران ... ٨
وَرَق الحَمّام ... ٢٦
وَرَق الزُّجاج (الصَّنْفَرَة) ... ٢١
وَرَق الشَّجَر ... ٣٥
وَرَق اللَّعِب ... ٤٣
الوَرِك ... ٥
الوَزَّة ... ٣٦
الوَزَّة العِراقِيَّة ... ٢٥
الوِسادَة ... ١١
وَسِخ ... ٦١
الوِشاح ... ٧
وِعاء التَّشْتيل ... ١٩
وَقْت العَشاء ... ٤٨
وَقْت الغَداء ... ٤٨
وَقْت الفَطور ... ٤٨
وَقْت اللَّهْو ... ٤٨
وَقْت النَّوْم ... ٤٨
وَقَعَ ... ٥٤
وَقَفَ ... ٥٣

## ي

اليَخْت ... ٥١
اليَد ... ٥
يَسار ... ٦٠
اليَساريع ... ٣٥
اليَعْسوب ... ٣٢
اليَقْطينَة ... ٥٥
يَمين ... ٦١

| | | | | | |
|---|---|---|---|---|---|
| غُرْفة النَّوْم ... ٨ | الطَّيَّارَة الوَرَقِيَّة ... ٢٤ | الشَّوْبَك ... ١٢ | سِكِّين الجَيْب ... ٢٠ | الرَّمادِيّ ... ٥٦ | الدَّرَّاجَة النَّارِيَّة ... ٣٠ |
| غُرْفة الهاتِف ... ٢٢ | **ظ** | الشَّوْكَة ... ١٢ | السُّلَحْفاة ... ٣٨ | الرَّمْل ... ٤٦ | الدُّرَّاقِن (الخَوْخ) ... ٢٦ |
| الغَزال ... ٤٠ | الظُّفْر ... ٤ | شَوْكَة البُسْتانِيّ ... ١٨ | السُّلْطانِيَّة ... ١٣ | رَمى ... ٥٤ | الدِّرْع ... ٥٥ |
| الغَسَّالة ... ١٣ | الظَّهْر ... ٥ | الشُّوكولا ... ٢٧ | السَّلَّة ... ١٤ | الرّوزنامة (النَّتيجَة) ... ٤٥ | الدُّعْسوقَة ... ١٨ |
| الغُصْن ... ٣٤ | ظَهْر السَّاعة ... ٦١ | **ص** | سَلَّة الفاكِهَة ... ١٥ | رِياضَة الدَّرَّاجات ... ٥١ | دَفْتَر الشِّيكات ... ٢٧ |
| الغُصَيْن ... ٣٤ | **ع** | الصّابون السَّائِل ... ١٧ | السِّلْك المَعْدِنِيّ ... ٢١ | الرِّيح ... ٤٩ | دَفَعَ ... ٥٢ |
| غِطاء خَزّان الوَقود ... ٢٨ | عال ... ٦١ | الصَّابونَة ... ١٧ | السُّلَّم ... ٣٩ | الرِّيش ... ٣٨ | دَفْع الحِساب ... ٢٧ |
| غِطاء المُحَرِّك ... ٢٨ | العَباءَة ... ٥٥ | الصّاروخ ... ٣١ | السَّلَّم ... ٢١ | رِيشات البَدْمِنتون ... ٥٠ | الدُّفَّة ... ١٩ |
| الغَلّاية ... ١٣ | عَبّارَة السَّيّارات ... ٣٠ | صالة السِّينما ... ٢٢ | السَّمَك ... ٢٦،٤٦ | **ز** | دَقَّ ... ٥٤ |
| غَلِيظ ... ٦٠ | عَتَبَة النّافِذَة ... ٩ | صَحْن الفِنْجان ... ١٣ | السَّمَك الذَّهَبِيّ ... ٣٨ | الزُّبْدَة ... ١٤ | الدُّلْفين ... ٤٠ |
| الغَوّاصَة ... ٣٠ | العَجَل ... ٣٧ | الصُّخور ... ٤٦ | السِّنْجاب ... ٣٤ | الزَّبيب ... ١٥ | الدَّلْو ... ٤٧ |
| الغَيْم ... ٤٩ | عَجَلَة الدّولاب ... ٢٨ | الصَّدْر ... ٥ | السَّنْدَويش ... ١٤ | الزُّجاجات ... ٢٧ | الدُّمى المُتَحَرِّكَة ... ٤٣ |
| **ف** | عَجَلَة القِيادَة ... ٢٨ | الصُّدْرَة ... ٦ | السِّهام ... ٥٠ | الزَّحْلوقَة ... ٢٥ | الدُّمْيَة ... ٤٢ |
| الفَأرَة ... ٣٩ | عَدَّ ... ٥٢ | الصَّدَقَة ... ٤٦ | السّوق ... ٢٢ | الزَّرَّاقَة ... ٤٠ | الدَّواء ... ١١ |
| الفارِس ... ٥٥ | عَدَّاد السُّرْعَة ... ٢٨ | صَرَخَ ... ٥٣ | السِّياج ... ٣٦،٩ | الزَّرَدِيَّة ... ٢٠ | دود الأَرْض ... ١٩ |
| فارِغ ... ٦٠ | عَدَّاد المَوْقِف ... ٢٨ | صُعودًا ... ٥٩ | السِّيَة (السُّلَّم النَّقّال) ... ٢١ | الزَّعْنِفَة ... ٤٠ | الدّوش ... ١٧ |
| الفاصوليا ... ١٥ | العَرَبَة ... ٢٧ | صَغير ... ٦٠ | السَّيف ... ٥٥ | الزَّعيم الهِنْدِيّ ... ٥٥ | دولاب الهَواء ... ٤٦ |
| الفاصوليا الخَضْراء ... ٢٧ | عَرَبَة الجيلاتي (آيس كريم) ... ٢١ | الصَّفّارَة ... ٤٢ | السَّيّارَة ... ٣٠ | الزَّلّاجان ... ٥٠ | دَوّار الشَّمْس (عَبّاد الشَّمْس) ... ١٨ |
| فِراخ البَطّ ... ٣٧ | عَرَبَة الدُّمْيَة ... ٤٢ | الصَّمولَة (العَزَقَة) ... ٢١ | سَيّارَة الأُجْرَة ... ٣٠ | زَهْر الشَّجَر ... ٣٤ | الدَّوّارَة ... ٢٤ |
| فِراخ العَصافير ... ٣٤ | عَرَبَة الطِّفْل ... ٢٥،٢٤ | الفِنْجان ... ٤٤ | سَيّارَة الإسْعاف ... ٣١ | زَهْرات الثَّالوث ... ١٨ | الدَّوّامَة (البُلْبُل) ... ٤٢ |
| الفَراشَة ... ١٩ | العَرَبَة المَقْطورَة ... ٣٦ | الصُّندوق ... ٢٩ | سَيّارَة الإطْفاء ... ٣١ | الزَّهْرَة ... ١٨ | الدّيك ... ٣٧ |
| الفَراشَة اللَّيْلِيَّة (العُثَّة) ... ٣٥ | عَرَبَة النَّقْل المُقْفَلَة ... ٣١ | صُنْدوق العُدَّة ... ٢٠ | السَّيّارَة الجيب ... ٢٩ | الزُّهْرِيّ ... ٥٦ | الدّيناصور ... ٤٤،٥٥ |
| فَرِح ... ٦٠ | عَرَبَة صَيْد السَّمَك ... ٥٠ | صُنْدوق القُمامَة ... ١٣ | السَّيّارَة الدُّمْيَة ... ٤٢ | زَوج الأَحْذِيَة الرِّياضِيَّة ... ٦ | **ذ** |
| الفَرَس العَصَوِيَّة ... ٤٣ | عَرَبَتا الجِياكَة ... ٤٣ | صِنّارَة الحِياكَة ... ٤٣ | السَّيّارَة ذات الباب الخَلْفِيّ ... ٢٩ | زَوج الصَّنادِل ... ٦ | الذِّراع ... ٥ |
| فَرَس النَّهْر ... ٤٠ | عَرَبَة اليَد ... ٢٢،١٩ | الصُّوَر المَقْطوعَة ... ٤٣ | سَيّارَة السِّباق ... ٣١ | الزَّوْرَق ... ٣٠ | ذِراع تَغْيير السُّرْعَة ... ٢٩ |
| فُرْشاة الأَسْنان ... ١٦ | العُرْف ... ٣٩ | الصَّوص (الكَتْكوت) ... ٣٧ | سَيّارَة السّبور ... ٢٨ | الزَّيْت النَّباتِيّ ... ٢٦ | ذِراع الرَّافِعَة ... ٢٢ |
| فُرْشاة الأَظافِر ... ١٧ | العَسَل ... ١٤ | الصَّيْف ... ٤٩ | السَّيّارَة السَّتايشِن ... ٢٩ | **س** | الذُّرَة الصَّفْراء ... ١٤ |
| فُرْشاة التَّلْوين ... ٤٤ | العُشْب ... ١٩ | **ض** | سَيّارَة الشُّرْطَة ... ٣١ | السّائِل المُنَظِّف ... ٢٦ | الذَّقْن ... ٤ |
| فُرْشاة الحِلاقَة ... ١٧ | العُشْب البَحْرِيّ ... ٤٦ | ضَحِكَ ... ٥٣ | السَّيّارَة الصّالون ... ٢٨ | ساخِن ... ٦١ | الذَّنَب ... ٣٨ |
| فُرْشاة الشَّعْر ... ١٦ | عَشَرَة ... ٥٧ | ضِفْدَع الجَبَل ... ٣٢ | السَّيّارَة القَديمَة ... ٢٩ | ساعَة اليَد ... ٦ | **ر** |
| فُرْشاة الغُبار ... ١١ | عِشْرون ... ٥٧ | الضِّفْدَع اللُّعْبَة ... ١٧ | السَّيّارَة المَكْشوفَة ... ٢٩ | السّاق ... ٥،١٨ | الرَّأْس ... ٥ |
| الفَرْمَلَة اليَدَوِيَّة ... ٢٩ | عُشّ العُصْفور ... ٣٤ | الضَّمَّادات اللّاصِقَة ... ١١ | **ش** | ساق الفاصوليا ... ٥٥ | راحَة اليَد ... ٤ |
| الفُرْن ... ١٢ | العُصْفور ... ٣٤ | الضَّمادَة ... ١١ | الشّاحِنَة ... ٣٠ | السَّبْت ... ٤٨ | راعي البَقَر ... ٥٥ |
| الفَزّ ... ٣٩ | عَصير البُرْتُقال ... ١٤ | **ط** | شاحِنَة النُّفايات ... ٣١ | سَبْعَة ... ٥٧ | الرّافِعَة ... ٢٣ |
| الفريز (الفراولة) ... ١٥ | العِطْر ... ١٦ | الطّائِرَة ... ٣١ | الشّارِبان ... ٣٨ | سَبْعَةَ عَشَرَ ... ٥٧ | الرَّبيع ... ٤٩ |
| الفَطائِر بالفاكِهَة ... ١٤ | العَظاءَة ... ٤١ | طائِرَة التَّعْليق الشِّراعِيّ ... ٣١ | الشّاطِئ ... ٤٦ | السَّتارَة ... ١٠ | رَجُل الثَّلْج ... ٤٩ |
| الفُسْتان ... ٧ | العَظْمَة ... ٣٩ | الطّائِرَة الشِّراعِيَّة ... ٣١ | الشّامْبو (غَسول الشَّعْر) ... ١٦ | سِتَّة ... ٥٧ | الرِّداء السِّرْوالِيّ ... ٦ |
| الفُسْتُق ... ١٥ | عِفْريت العُلْبَة ... ٤٢ | طارَدَ ... ٥٤ | شُباط (فبراير) ... ٤٨ | سِتَّةَ عَشَرَ ... ٥٧ | السُّتْرَة الصّوفِيَّة ... ٦ |
| الفُشار ... ١٥ | عَلامات التَّحْذير ... ٢٣ | الطّاسَة ... ١٣ | الشُّبّاك ... ٩ | السُّدادَة ... ٤ | السُّتْرَة الواقِيَة (الأنوراك) ... ٦ |
| الفُطْر ... ٣٣ | العُلْبَة ... ٢٧ | الطّاوِلَة ... ١١ | الشَّبَكَة ... ٥١ | السَّجّادَة ... ٨ | رَسَمَ ... ٤٥ |
| الفُطور السّامَّة ... ٣٥ | عُلْبَة الأَلْوان ... ٤٤ | طاوِلَة العَمَل ... ٢٠ | شَبَكَة صَيْد السَّمَك ... ٥٠ | سَحَبَ ... ٥٢ | رَغْوَة الحِلاقَة ... ١٧ |
| الفُقاعات ... ١٧ | عُلْبَة الطَّعام ... ٢٥ | الطّاووس ... ٤٠ | الشِّتاء ... ٤٩ | السُّدَّادَة ... ١٧ | رَفَّ الدّولاب ... ٢٨ |
| الفُلْفُل الأَخْضَر ... ٢٧ | العَلَم ... ٤٦ | الطَّباشير ... ٤٥ | الثَّلاثات ... ١٩ | السَّرَخس ... ٣٢ | الرَّفْش ... ٤٧،١٩ |
| الفَم ... ٤ | العِمْلاق ... ٥٥ | الطَّبَق ... ١٢ | الشَّجَرَة ... ٣٤ | السُّرَّة ... ٥ | رَفَعَ ... ٥٢ |
| فِناء المَزْرَعَة ... ٣٦ | العِنَب ... ٢٦ | الطَّبْل ... ٤٤ | الشِّراع ... ٤٧ | السَّرَطان ... ٤٧ | الرَّفّ ... ٢٠ |
| الفِنْجان ... ١٣ | العَنْزَة ... ٣٦ | الطَّحْلَب ... ٣٥ | الشَّراغيف (صِغار الضَّفادِع) ... ٣٨ | السُّرَّوال التَّحْتِيّ ... ٦ | رَفيع ... ٦٠ |
| فوطَة المائِدَة ... ١٢ | العود ... ٣٥ | الطَّحين ... ٢٦ | شَرِبَ ... ٥٢ | السِّرْوال التَّحْتِيّ النِّسائِيّ ... ٦ | رُقاقات البَطاطا (البَطاطِس) ... ١٥ |
| فَوْق ... ٥٩،٥٨ | عيدان النِّقاب ... ١٣ | الطَّريق ... ٢٣،٣٣ | الشَّرْش ... ٨،١١ | السَّرير ... ٨،١١ | الرُّقْبَة ... ٥ |
| في (داخِل) ... ٥٨ | عيدان القُطْن ... ١٧ | طَريق المَرْأب ... ٩ | الشُّرْفَة ... ٨ | سَريع ... ٦٠ | رَقَصَ ... ٥٤ |
| في الخارِج ... ٥٩ | العَيْن ... ٤ | طَعام مِن الحُبوب ... ٢٦ | شَريط القِياس ... ٢٠ | السَّطْح ... ٩ | رُقْعَة اللِّعب ... ٤٢ |
| في الدّاخِل ... ٥٩ | **غ** | الطَّفّاوَة (الهَليكوبْتَر) ... ٣١ | الشَّعَر ... ٤ | الشَّغَر ... ٢٢ | الرَّكائِز المَعْدِنِيَّة ... ١٨ |
| الفيل ... ٤١ | الغابَة ... ٣٥ | الطَّلاء ... ٣٣ | الشَّفَة ... ٤ | السَّقْف ... ٢٩،٨ | الرُّكْبَة ... ٥ |
| **ق** | الغِراء ... ٤٥ | طَلَقَ العَوْم ... ٤٦ | الشَّمْبانزي ... ٤٠ | السَّكاكير ... ٢٦ | رَكَضَ ... ٥٣ |
| القارورَة الحافِظَة لِلْحَرارَة ... ٢٥ | الغَزْق ... ٣٩ | طَويل ... ٦١ | الشَّمْس ... ٤٩ | السُّكَّر ... ١٤ | رَكَلَ ... ٥٤ |
| قاسٍ ... ٦٠ | الغَوْص ... ٤٥ | | | السِّكِّين ... ١٢ | رُكوب الخَيْل ... ٥٠ |
| القاطِرَة ... ٣١ | غُرْفَة الجُلوس ... ٨ | | | | |

66